非連続イノベーションの戦略的マネジメント

［改訂版］

Strategic Management of
Discontinuous Innovation

石井正道
Masamichi Ishii

［著］

東京　白桃書房　神田

まえがき

　本書を楽しんでいただくために，3つのポイントを以下に示した。

(1) 雇用システムを考慮した日本独自の非連続イノベーションのマネジメント
方法の提案

　非連続イノベーションは画期的な製品やサービスを生み出すもので，その重
要性から以前より多くの研究が行われてきた。本分野では米国の研究者の活躍
が目覚ましく，特に，業界トップであった優良企業が非連続イノベーションに
よって脱落していく現象に注目した研究が多く行われ，一部は著作として出版
されてきた。リチャード・フォスター (1987)『イノベーション　限界突破の
経営戦略』，マイケル・タッシュマン＆チャールズ・オーライリー (1997)『競
争優位のイノベーション』，クリステンセン (1997)『イノベーションのジレン
マ』などが挙げられる。さらに，非連続イノベーションをいかに生み出すか，
ということに焦点を当てた研究も活発に行われており，著作としては，バーゲ
ルマン＆セイルズ (1987)『企業内イノベーション』，Leifer et al.(2000) *Radi-
cal Innovation*，クリステンセン＆レイナー (2003)『イノベーションへの解』
などがある。これらは，米国企業を対象に，非連続イノベーションのマネジメ
ントに関する実証データを収集分析し，マネジメントモデルを提案している。
米国の研究者らが示す非連続イノベーションを生み出すマネジメントモデルは
ほぼ共通しており，現場主導で生まれたアイデアを組織が吸い上げて企業の戦
略とする創発的プロセスを基本としたモデルとなっている。

　一方，わが国では，非連続イノベーションのマネジメントに関して，米国の
研究者が提示しているマネジメントモデルと比較検討が可能な実証研究は，十
分には行われてこなかった。本研究では，日本企業によって生まれた6つの非
連続イノベーションを対象に実証データを収集分析し，マネジメントモデルを
抽出した。この結果，今回抽出したモデルは，米国研究者が提示しているモデ

ルと大きく異なることがわかってきた。米国モデルと比較して，日本の経営者には非連続イノベーションを生み出す組織内の企業家活動（アントレプレナーシップ）を積極的に促進する役割があることを，本研究では示している。また，日米のモデルが違ってくる要因として，国レベルの雇用システムの違いが大きく影響していることを指摘した。別の言い方をすれば，非連続イノベーションのマネジメントに関しては，米国研究者が示しているモデルは，雇用システムの異なる日本では効果的ではないということを示唆している。

　日本では米国の経営書を参考にされる方が多いかと思うが，少なくとも，非連続イノベーションを生み出すマネジメントに関しては，雇用システムの異なるところでは同一のマネジメントモデルは有効ではない，ということを本書は警告している。

(2) イノベーション・マネジメントに関する新しい研究の視点の提案

　今回のアプローチは，イノベーション・マネジメント研究において，日本で頻繁に使用される知識創造理論を適用していない。最近，発展の目覚ましい，企業家活動（アントレプレナーシップ）に関する研究の成果を使用している。

　以前より，企業の持続的な発展には連続イノベーションと非連続イノベーションの2つが必要といわれている（Burgelman, 1983；Tushman and O'Reilly, 1996；Christensen and Raynor, 2003；etc.）。連続イノベーションは従来の延長線上で技術などが発展していくもので，日本企業が得意としているものと考えられている。知識創造理論が生まれてきたのは，TVや自動車分野での連続イノベーションによる日本企業の競争力の強さの説明で使われたのが起源と考えられる（野中・竹内，1996）。

　一方，非連続イノベーションは，アントレプレナーシップによって生まれるということが以前から観察されており（Burgelman, 1983；etc.），本研究では機会形成に関するアントレプレナーシップ研究の最新の成果を適用している。それが功を奏して，今回学術的な成果が得られ，本書をまとめることができた。

　従来のアントレプレナーシップ分野の研究は，機会発見後の事象についての

研究が多かった（Fiet, 1996）。例えば，事業計画の作成やベンチャーキャピタリストのプロジェクト評価などが含まれる。しかし，最近，機会発見前の研究が活発になりつつあり，事業機会形成についての理解が深まって，どのようにすればより効果的に機会を形成できるのか，いくつかの示唆が得られるようになってきた。こういった研究の活発化に伴って，Shane and Venkatraman (2000) は新しくアントレプレナーシップの概念的フレームワーク（conceptual framework）をつくることを提案している。概念的フレームワークとは，アントレプレナーシップの一連の現象を説明し，かつ予測できるものでなければならない。彼らによれば，現時点では，経済学や心理学など従来の確立された学問でアントレプレナーシップの現象は十分には説明することができない。新しいアントレプレナーシップの概念的フレームワークは個人と事業機会の 2 つの要素を中心に発展すると予想している。背景としては，個人の能力や属性の違い（individual differences）や機会の内容（nature of opportunity）が事業機会形成に大きく影響することが少しずつわかり始めていることがある。同分野の研究は近年活発になってきたばかりだが，事業機会を形成するメカニズムについて，既存の学問ではできなかった分析を可能とし，理解を深めることが期待できる。本研究は，同分野の最近の研究成果を適用し，有用な知見が得られ，同分野の研究の重要性と可能性を示している。

(3)「理論形成を目的とした複数ケース・スタディ手法」のすすめ

　本研究で使用した手法は「理論形成を目的とした複数ケース・スタディ手法」である。これは大学などの授業で使われている学習用のケース・スタディとはまったく異なるものである。イノベーション・マネジメントの新しい理論が米国から多く輩出されるのは，この研究用のケース・スタディ手法の考え方が身についているからだと，私は考えている。

　研究用のケース・スタディ手法は，うまく使わないと際限なく展開する等の難しい面がある（石井，2009, p.177）。また，日本人による同手法を紹介するわかりやすい本は見当たらない。今回使用した理論形成を目的とした複数ケース・スタディ手法は Eisenhardt（1989）"Building theories from case study research," *Academy of Management Review*, Vol.14, No.4 と Yin（1994）*Case Study Research* の解説を参考にしている。この 2 つの資料は研究に取り組んだ初期のころから知っていたが，最初は，ケース・スタディ手法の最新の考え方を取り入れようとして海外の書籍や論文をいろいろ調べた（George and Bennett, 2004；etc.）。しかし，結局この 2 つの資料に戻ってきた。現在のケーススタディを使用した学術論文はほとんどこの 2 つを参考文献として使用しており，その有効性は間違いないと考えられる。今回，この 2 つの解説を補足した資料（Eisenhardt and Graebner, 2007；etc.）や関連する文献（Patton, 1987；伊丹, 2001；etc.）等を組み合わせたわかりやすい解説をつくり，本書内で提示している。理論形成を目的とした複数ケース・スタディ手法をこれから使われる方に役立つことを願っている。今後，日本から新しい理論を多く輩出するためにも，同手法をマスターすることが重要で，本書が少しでも参考になれば幸いである。

2009 年　秋

著　者

□ 謝 辞

　本研究のはじまりは，文部科学省科学技術政策研究所で行った調査研究「独創的な商品開発を担う研究者・技術者の研究」でした。この調査研究に取り組んだ 2003 年の春から，非連続イノベーションに成功された方々及び関係者の方々にご協力をいただきました。この方々のご協力がなければこの研究は実現できませんでした。お忙しいなか，貴重なお時間を割いていいただきました。心より感謝申し上げます。その方々は次の通りです（順不同，敬称略，所属はインタビュー時のもの，本書に関連された方々）。

　　富士フイルム株式会社営業第一本部元担当部長　持田光義，株式会社富士
　　　　フイルムテクノサービス社長　深野　彰
　　花王株式会社ヘルスケア事業本部長　安川拓次，品質保証本部品質保証セ
　　　　ンター長　山田直人，広報部門課長職　滝本　忠
　　旭化成株式会社フェロー　吉野　彰，旭化成株式会社新事業本部研究開発
　　　　センター主席研究員　実近健一，広報室課長　中村雅夫，同課長　稲
　　　　垣剛史
　　セイコーエプソン株式会社相談役　安川英昭，元専務取締役　相沢　進
　　東レ株式会社顧問　三井茂雄，有限会社オキシド代表取締役　森田健一，
　　　　金沢工業大学客員教授　松井醇一，東レ株式会社 ACM 技術部長　高
　　　　田則明，広報室　山縣義孝
　　三菱電機株式会社情報技術総合研究所情報セキュリティ技術部次長　松井
　　　　充，株式会社日本情報セキュリティ認証機構参事　竹田栄作，独立行
　　　　政法人情報処理推進機構 IPA 暗号グループリーダー　山岸篤弘

　この調査研究の実施には，多くの困難がありましたが，科学技術政策研究所の今村努元所長，桑原輝隆総務研究官，奥和田久美科学技術動向研究センター

長，多田国之客員研究員，中山保夫客員研究員をはじめ多くの方々から温かい
ご支援をいただきました。また，同研究所でお会いした株式会社日本総合研究
所佐久田昌治元理事にも貴重なアドバイスをいただきました。この方々のご支
援がなければ本研究の実施は不可能でした。心より感謝申し上げます。

　さらに，本調査研究の結果を学術論文のレベルに到達させるために，東京大
学大学院工学系研究科先端学際工学専攻博士課程での研究を経なければなりま
せんでした。同博士課程で，お二人の先生に研究をご指導いただきました。最
初は，東京大学名誉教授児玉文雄先生（現在，芝浦工業大学専門職大学院教
授，同大学技術経営研究センター長）にお世話になりました。児玉先生が東京
大学ご退官後は同大学先端科学技術研究センター教授馬場靖憲先生にお世話に
なりました。国内外で学術誌の編集にご活躍されているお二人のもとで，指導
を受けられたのは幸運でした。心より御礼申し上げます。さらに，博士論文審
査におきましては，馬場先生には主査を，児玉先生には副査を引き受けていた
だきました。また，東京大学人工物工学研究センター教授上田完次先生（現
在，産業技術総合研究所理事，東京大学名誉教授），同大学生産技術研究所教
授野城智也先生（現在，同研究所所長），及び同大学大学院工学系研究科シス
テム創成学専攻准教授増田宏先生のみなさまにも博士論文審査の副査を引き受
けていただきました。審査員の方々から厳しくご指摘いただいた問題点を解決
するプロセスを経て博士論文をまとめることができました。心より感謝申し上
げます。同論文が本書のベースとなっています。

　学術雑誌『イノベーション・マネジメント』（法政大学イノベーション・マ
ネジメント研究センター）の査読者の方々のご親切なアドバイスも大変役立ち
ました。当時研究は大きな壁にぶつかっていましたが，再び前進を可能にして
いただきました。心より感謝申し上げます。

　現在，勤務させていただいています東京大学人工物工学研究センターにおき
ましては，同センター長の影山和郎先生，そして武田英明先生をはじめ同セン
ターの先生方やスタッフの方々，及び，秘書業務を分担していただいています
田村美香さんと片岡千尋さんに，温かくご支援いただきました。また，同セン

ターでの教育研究活動をご支援いただいている住友商事株式会社の方々に心より感謝申し上げます。お陰様で素晴らしい環境のなかで本書をまとめ上げることができました。

　出版不況のなか，名前の売れていない私の本を出版するのはかなり勇気のいることだったと推察いたします。その出版を決断いただきました白桃書房の平千枝子氏に心より感謝申し上げます。

　本書は以上の方々以外にも書ききれないほど多くの方々からご支援をいただき，長い道のりを経て今回の出版に至ったものです。支えてくださったみなさまに心より感謝申し上げます。

　　　2009 年 11 月　初冬の柏キャンパスにて
　　　　　　　　　東京大学　人工物工学研究センター
　　　　　　　　　価値創成イニシアティブ（住友商事）寄付研究部門
　　　　　　　　　　　　　　　　　　　石井正道

□ 改訂版に寄せて

　近年，画期的な製品を生み出す非連続イノベーションにおいて，日本の存在感がなくなりつつあるのを憂いているのは私だけではないと思います。日本の企業は過去，少なくない数の非連続イノベーションに成功しており，今こそ，その経験から学び，同イノベーションを活発に促進する時ではないでしょうか。

　非連続イノベーションのマネジメント方法は社会の雇用システムにも影響されると考えられます。過去の提案された非連続イノベーションのマネジメント方法はほとんどが欧米の事例分析をもとに提案されていますが，これらは必ずしもわが国で有効とは限りません。本書は日本の成功した6つの非連続イノベーションから効果的なマネジメント方法を抽出したものです。約11年前に最初に出版され，時代背景の記述が当時のままで多少古く感じるかもしれませんが，学術的な研究成果をベースにしており，記述されている非連続イノベーションが生まれるプロセス（機会形成）や要因に関する実証データ・分析，及び同イノベーションを促進するマネジメントに関する知見は，現在でも十分に役立つものと思われます。

　今回の本書の改訂では，図表や機会形成（特にクォーツ腕時計）において非連続イノベーションの源となるアントレプレナーの行動をよりわかりやすく記述しました。少しでもイノベーションに関わる人に参考になることを願っています。

　　2021年3月末　桜咲く日進キャンパスにて

名古屋商科大学　経営学部

石井正道

目　次

第1章　序　論　　*1*

第2章　先行研究　　*11*

第5章 分　析　　　　　　　　　　　　　　　　　　　*103*

第6章　考　察　135

第7章　結　論　151

第1章

序 論

1.1 背 景

　韓国，台湾，そして中国などの近隣アジア諸国は，近年目覚ましく技術力を向上させている。これらアジア諸国は，基本的に人件費を含む物価が日本と比較して安く，同じものをつくりだすのであれば，日本企業の競争力を維持することが難しい状況になってきている。先端技術といわれてきた液晶パネルや半導体の製造などにおいても，現実にそれが起こりつつある（中田，2008）。

　このような状況のなかで日本の企業が今後も生き残っていくには，画期的な新製品を生み出していくことがますます重要になってくる。欧米でも企業が持続的に競争力を保つためには画期的なイノベーションが重要だと以前より指摘されている（Bessant et al., 2005；Hamel, 2001；Leifer et al., 2000；etc.）。

　画期的な製品の具体例としてクォーツ腕時計が挙げられる。当時，機械式腕時計の誤差は1日10秒から1分程度であった。しかし，それがクォーツ腕時計では1カ月で20秒程度の差で，なかには1年で数秒の誤差というものもある。つまり100倍近い精度の向上であった（㈳日本時計協会，2003）。この開発は日本のローカル企業であったセイコーを世界のトップ企業に導いた。クォーツ腕時計は，それまでの機械式腕時計に取って代わり，現在生産されている腕時計の98%がクォーツ腕時計である（㈳日本時計協会，2009）。

　クォーツ腕時計のような画期的な製品を生み出すイノベーションを非連続イ

ノベーションと呼ぶ。通常のイノベーションは，付加価値を付けたり，コスト
ダウン，品質の向上，など，従来の延長線上で連続的に行われることが多い。
このようなイノベーションは連続イノベーションと呼ばれ，ある一定のゲーム
のルールのもとで行われていて，そのルールのなかで，より良いものをつくり
だす。しかし，たまにではあるが，ゲームのルールをまったく変えてしまうよ
うなイノベーションが起こる。これが非連続イノベーションである（Tidd et
al., 2005）。

クォーツ腕時計はそれまでの機械式腕時計とはまったく異なるものである。
部品点数も機械式腕時計の100〜300からクォーツ腕時計の50〜60に大幅に減
少したことから，時計産業の構造そのものも大きく変化した。これを主導した
日本の企業は世界トップに躍り出ることができ，それまでトップを走っていた
スイス企業は衰退した（新宅，1989）。非連続イノベーションを自ら生み出し
ていけば，その企業は競争優位に立てる。逆に，非連続イノベーションを行わ
なければ，大きな打撃を受けることになる可能性も十分ありうるのである。非
連続性の源は新市場出現，新技術の出現，規制緩和等であり，非連続イノベー
ションが現れる機会が今後増えることが予想されている（Bessant et al., 2005）。
そのため，非連続イノベーションへの取り組みはさらに重要性が増加すると考
えられる。

日本企業の強みは連続イノベーションといわれる一方で，非連続イノベー
ションもクォーツ腕時計に代表されるように日本企業の競争力に貢献してきた
（Lynn et al., 1996）。1993年のバブル経済崩壊からの「失われた十年」といわ
れる期間，企業は設備，負債，人員の3つの過剰を削った。そして，成果主義
が広範に普及し（労働政策研究・研修機構，2007），企業は短期的な志向をす
るようになっている。技術は経営戦略の産物であり（児玉，2007），企業の短
期志向は非連続イノベーションを生み出したポテンシャルまで弱めてしまった
可能性がある[1]。今日，日本の企業には「失われた十年」で身についてしまっ
た短期志向から長期志向への移行が不可欠であることが指摘されるようになっ
てきた（日本経済新聞，2008年4月30日社説）。

問題は企業の経営志向だけではない。連続イノベーションのマネジメントの

研究は日本の強みとして多くの研究が国内外で行われてきたが（Baba, 1989；Wormack et al., 1990；Clark and Fujimoto, 1991；野中・竹内，1996；etc.），非連続イノベーションについての研究はわが国ではあまり行われてこなかった。このため，非連続イノベーションに関する研究成果は確固たるものが得られておらず，非連続イノベーションを生み出すために企業はどのようにマネジメントすればよいのか，十分な知見が得られていない。

さらに，非連続イノベーションは今までは例外的に起こるものであったため，非連続イノベーションを経験した人は限られ，同一企業内で複数回非連続イノベーションを経験する人はほとんどいない。そのため，企業による非連続イノベーションのマネジメントの知識やノウハウの蓄積は困難だったと考えられる。本研究は，企業による学習の難しさを補う意味でも重要だと考えている。

本研究は非連続イノベーションの経験を各企業から集め，非連続イノベーションを効果的にマネジメントするための理論を抽出することを試みるものである。

1.2 研究の目的

本研究の目的は，非連続イノベーションの効果的な戦略策定プロセスの概念を提案することであり，そのため，仮説検証を目的とした統計的手法ではなく，理論形成を目的とした複数ケース・スタディ手法を使用している。また，戦略策定プロセスに関する知見を増やすことを通して，非連続イノベーションに成功する確率を増加させることに貢献することを目指している。

近年，企業のマネジメントにおいて戦略策定プロセスの重要性が増大している。成功しているすべての企業には戦略が存在しており，企業は戦略を策定するための知識やスキルを開発・獲得する必要がある（Cusumano and Markides, 2001）。さらに，戦略そのものよりも戦略策定プロセスを上手にマネジメントしたほうが経営に対する効果が高いと指摘されている（Christensen and Raynor, 2003）。

　企業における戦略は，通常，経営戦略（corporate strategy）と事業戦略
（business strategy）の2つのレベルに分けることができ，経営戦略は「どの
事業分野でビジネスを行うか」が基本的な質問であり，事業戦略のそれは「当
該事業で何をすれば競争に勝てるのか」である（Mintzberg et al., 1995）[2]。本
研究が扱うのは事業戦略である。事業戦略の定義を「事業戦略とは，どのよう
な顧客に，どのような製品・サービスを，いかに提供するか，についての構想
である（井上，2003）」[3]とする。すなわち，本研究は非連続イノベーションに
よる事業に関して，「どのような顧客に」「どのような製品・サービスを」「い
かに提供するか」を見出す効果的な方法があることを想定して，それの探索を
行う。

　さらに，新規事業開発には，社内外のいずれの経営資源を中心に進めるかに
よって2つの基本的な方向がある。1つは内部志向であり，社内に蓄積された
資源を中心に新事業開発を進める方向である。もう1つは外部志向であり，買
収や合併，技術導入，合弁事業の展開などによって外部資源を活用して新事業
開発を行う方向である（山田，2003）。本研究では内部志向を対象としている。

1.3　非連続イノベーションの定義

　画期的な製品開発を伴うイノベーションを非連続イノベーションというと述
べたが，ラディカルイノベーション，など類似の名称が近年多く提唱されてい
る。ここでは，非連続イノベーションの現象を説明した上で，これらの類似の
名称を整理し非連続イノベーションの定義を明確にする。

　イノベーションの非連続性の説明でよく使用されるのが，技術進歩のS字
カーブモデルにおける位置づけである（一橋大学イノベーション研究セン
ター，2001）[4]。技術のS字カーブとは，横軸を技術開発に投入された資源や時
間（開発努力）とし，縦軸を成果とした場合，技術進歩がS字を示すことで
ある。初期の技術進歩が穏やかなペースで進み，やがて加速し，しばらくする
と天井に近づくように進歩が鈍化する（図表1-1）。このような技術変化がそ
の限界に近づくと，新しいS字カーブが誕生し，ここに非連続性が生まれる

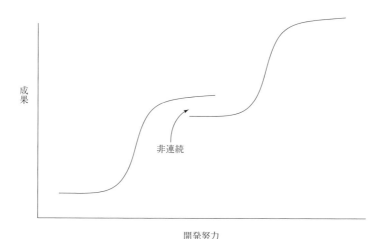

図表 1-1　技術の S 字カーブと非連続性

（出所）Foster（1986）をベースに筆者が作成。

（Foster, 1986）。この非連続性を生み出すのが非連続イノベーションである。
一方，この S 字カーブ上で起こるのが連続イノベーションである。

　類似の名称としては，ラディカルイノベーション（radical innovation）
（Leifer et al., 2000），革新的イノベーション（really new innovation）（Song and
Montoya-Weiss, 1998），破壊的イノベーション（disruptive innovation）（Chris-
tensen, 1997）などがある。

　ラディカルイノベーションと革新的イノベーションは，非連続イノベーショ
ンと同様に，イノベーションの革新性に着目した類型である。ここでの革新性
とは，S 字カーブを生み出すことを革新性があるとしている。技術や市場の S
字カーブを生み出す状況によってこの 3 つのイノベーションは整理することが
できる（Garcia and Calantone, 2002）。ラディカルイノベーション，革新的イ
ノベーション，非連続イノベーションの定義を以下に整理する[5]（図表 1-2）。

ラディカルイノベーション：産業レベルで，技術及び市場の 2 つの S 字カー
　　　　　　　　　　　　　ブを新規に生み出すイノベーション。

図表1-2　産業レベルの技術・市場のS字カーブの非連続性とイノベーションの分類

		市　場	
		新しいS字カーブを生む	既存のS字カーブの延長線上
技術	新しいS字カーブを生む	非連続イノベーション（ラディカルイノベーション）	非連続イノベーション（革新的イノベーション）
	既存のS字カーブの延長線上	非連続イノベーション（革新的イノベーション）	連続イノベーション

（出所）Garcia and Calantone（2002）をベースに筆者が作成。

革新的イノベーション　　：産業レベルで，技術または市場のS字カーブのどちらか1つを新たに生み出すイノベーション。

非連続イノベーション　　：産業レベルで，技術または市場のS字カーブの少なくとも1つを新たに生み出すイノベーション（ラディカルイノベーションと革新的イノベーションの双方を含む）。

連続イノベーション　　：産業レベルで，技術及び市場のS字カーブを新たに始めず，既存のS字カーブの延長線上で行われるイノベーション。

　3つのイノベーション（ラディカルイノベーション，革新的イノベーション，そして非連続イノベーション）は，技術や市場のS字カーブを生み出す状況で定義されているのに対し，破壊的イノベーションの定義には当該企業の同イノベーションへの対応能力が含まれている。具体的には，非連続なイノベーションにより新規事業が創出され，そのイノベーションを既存企業が達成あるいは取り入れて企業化に成功しやすいものを持続的イノベーションといい，その事業が新規参入企業などにより達成され，既存企業を駆逐してしまうものを破壊的イノベーションという（渡辺・大久保，2007）。このとき，大きな顧客ベースをもち，その顧客の要望に対応することに優れた能力をもつ成功企業が，その能力を必要としないようなイノベーションには対応できない現象を「イノベータのジレンマ」と呼んでいる（Christensen, 1997）。

　本研究では破壊的イノベーションという言葉は使わず，非連続イノベーションを使う。破壊的イノベーションは企業を破壊に導くかどうかに焦点を当てており，一方，本研究は画期的な新製品を生み出すことを扱っている。イノベーションの効果を評価する視点が異なる。

　異なる視点を示す具体的な例を挙げると，クォーツ腕時計について，クリステンセンらはセイコーが安い時計で欧米の時計会社を破壊したとして，セイコーが破壊的イノベーションにおけるローエンド戦略，すなわち，性能が低くても，価格が安いものから進出していく戦略をとったとしている（Christensen and Raynor, 2003）。しかし，これは開発してから10年以上たった経済的帰結であって，開発時は安くて性能の低い時計を開発しようとしていたのではなく，セイコーは非常に高い性能の時計を開発する戦略をとっていたのである。ちなみに，最初のクォーツ腕時計の価格は自動車1台分といわれている。

　本研究が扱うのは，画期的な製品を開発するための戦略であり，製品を開発するまでの期間を対象として効果的な戦略をどのように策定すればよいか，という課題に取り組むものである。そのため，今までとはまったく異なる画期的なものが生まれる現象を示した「非連続イノベーション」という表現を使用することにする。

　あらためて非連続イノベーションを定義すると「技術のS字カーブまたは市場のS字カーブを新たに生み出すイノベーション（技術または市場の非連続性を生み出すイノベーション）」となる。この定義を一般的な表現で記述すると，「まったく新しい市場を生み出すか，既存の市場であっても技術革新によりその市場を一変してしまうようなイノベーション」ということになる。本書では以下この定義を使用する。

1.4　本書の構成

　本書では，非連続イノベーションの戦略策定プロセスの概念を検討した結果を，次のような構成で記述している。

　第1章では，本研究の目的とその重要性を示す。第2章では，関連研究分野

の先行研究をレビューし，残された課題と本研究の位置づけを明確にする。

　具体的には，非連続イノベーション分野では，先行研究は事業機会の発見は現場主導の社内企業家活動よって行われるとの認識のもと，ボトムアップで発見された事業機会をいかに事業化するかに研究の重点が置かれており，そのため，事業機会がどのように発見されたのかについては，十分な知見が得られていないことを示した。さらに，機会形成が非連続イノベーションの戦略策定プロセスの検討に決定的な影響を与えるため，現在の重要な課題は機会形成プロセスの実態を体系的に把握することであることを示した。

　また，経営戦略の研究の流れとしては，新しい価値を生み出すことが戦略の目的として近年重要視されるようになってきており，価値創造の重要な要素としての企業家活動と戦略との関連の研究が注目されつつある。本研究は，この流れに位置づけられることを示した。

　さらに，機会形成プロセスを探索する切り口として，近年の企業家活動の研究分野で有用な研究成果があることを指摘した。それらは，企業家の事前知識，学習能力のタイプ，そして学習プロセスなどが，企業家の機会形成に大きな影響を与えることである。今回の非連続イノベーションの機会形成プロセスの探索は，これらの視点から行った。

　第3章では，本研究が採用する研究手法を説明している。

　研究手法としては仮説検証を目的とした統計的手法ではなく，探索による理論形成を目的とした複数ケース・スタディ手法を適用した。通常，同手法は，①先行研究レビューに基づく課題の抽出と研究の問いの設定，②サンプルの選択，③データ収集の実施，④ケース間相違点抽出のためのクロス分析，⑤変数間の関係抽出と理論の提案及び考察，からなっており，本研究もこれに準じた。特徴としては，探索の対象を機会形成プロセスに焦点を当てていることである。

　第4章では，分析の対象となる各ケースの機会形成プロセスを，時系列に具体的な内容を記述している。

　第5章は複数ケース・スタディによって得られた機会形成プロセスの実証データについてクロス分析を行い，それをもとに戦略策定プロセスの概念を検

討した。

　最初に，機会形成のプロセスに共通のパターンが存在し，合理的に非連続イノベーションの機会形成の確率を上げる可能性があることを示した。次に，社内企業家活動を行っているのは第一線のR&D技術者であり，同技術者が専門外分野で試行錯誤による学習を行い，自らの事前知識と専門外知識を融合して新しいアイデアを生み出していることを示した。

　また，社内企業家活動による機会形成プロセスに組織が積極的に介入して，機会形成を促進していることを示した。最後に，機会形成と戦略策定プロセスの関係を分析し，非連続イノベーションの戦略策定プロセスの概念「意図的に創発をコントロールするプロセス」を示した。

　第6章は，提案した概念について，先行研究との比較を行い考察した。

　非連続イノベーションの先行研究の多くは米国で行われているが，これらの研究が示唆している社内企業家の担い手や戦略策定プロセスが，今回の研究結果と異なっている理由を考察した。その結果，雇用の仕組みの違いが要因として考えられることを示した。非連続イノベーションの戦略策定プロセスは意図的対創発的の軸で検討されてきたが，雇用システムも考慮に入れなければ，効果的なプロセスを考え出せないことを指摘した。

　第7章は，今回の研究のまとめを記述するとともに，本研究で得られた知見を記述し，さらに，今後の研究課題を示して，本研究の発展性が高いことを示した。

注

1　本研究では，非連続イノベーションの関係者にインタビューを行ったが，彼らの多くが，現在は効率性が重視されて以前のような高い自由度の環境がなくなってしまい，新しいことを試みるのが難しくなってきていることを指摘している。
2　Grant（2005）は経営戦略，事業戦略，機能戦略の3つのレベルがあるとしている。
3　Markides（2000）は「戦略的ポジションとは，要は①ターゲット顧客，②提供する製品やサービス，③提供戦術，の組み合わせであり，戦略を立案するとはこの3点について意思決定を行うことに尽きる」と述べており，ほぼ同じ戦略の定義を示している。
4　アバナシー＝アッターバックモデルを使用して説明することもよく見られる（Utterback, 1994；Tushman and O'Reilly, 1997）。

5　Garcia and Calantone（2002）は非連続性を産業レベルと企業レベルの2つのレベルを扱っているが，本研究ではその目的から産業レベルのみを扱っている。

第 2 章

先行研究

　本章では，関連する先行研究の流れのなかでの本研究の位置づけを示す。そして，研究の目的に対して現在ではどこまでわかっていて，これから何がわからなければいけないかを分析し，取り組むべき課題を明確にする。本研究に関連する先行研究分野として取り上げるのは，①非連続イノベーション，②経営戦略，③機会発見に関する企業家活動，の3つである。

2.1　非連続イノベーションに関する先行研究

(1) イノベーションダイナミクス

　非連続イノベーションに関する初期の研究は，産業レベルのイノベーションの変化に関する研究から始まり（Abernathy and Utterback, 1978），産業の発展には共通の段階（流動期，移行期，固定期）があり，プロダクト・イノベーションやプロセス・イノベーションがどのように関わっているのかを示した。このときに生まれたのがアバナシー＝アッターバック・モデルである。また，同モデルにおいて，非連続性を生み出す「脱成熟化」を指摘し，イノベーションの非連続性の可能性を示している（Abernathy et al., 1983；Utterback, 1994）。

　次に現れてくるのが，非連続イノベーションが企業に与える影響に重点を置いた研究である。Foster（1986）は技術進歩のS字カーブモデルを提示し，非

連続イノベーションが起こって新しいＳ字カーブが生まれるときに，それまで成功していた企業が失墜しやすいことを示した。そこでは，企業が成功を続けるには，経営者が技術のＳ字カーブの内容，Ｓ字カーブを生み出した側の有利の原則，そして技術の非連続性によって生じる問題，を理解する必要があると主張している。

　タッシュマンとアンダーソンはマイクロコンピュータ，セメント，そして航空輸送の３つの産業に関して，生まれてから1980年までのイノベーションの変遷について，特に技術の非連続性に注目して調べた。その結果，非連続イノベーションには，新規参入企業による非連続イノベーションによって既存企業の能力を破壊してしまう能力破壊型（competence-destroying discontinuities）と，既存企業が生き残る能力拡張型（competence-enhancing discontinuities）があることを示した（Tushman and Anderson, 1986）。

　クリステンセンは，ハードディスク業界のイノベーションの歴史を調査した結果，変化に対して，成功していた企業がそれまでのうまくいっていた経営方法で対応することによって失敗していると主張した。例として，従来成功要因とされていた顧客の要望に対応することに優れた能力をもつ成功企業が，業界トップから脱落していく状況を示した（Christensen, 1997）。

（2）経営レベルのマネジメント

　非連続イノベーションが企業に及ぼす影響についての研究が進むにつれ，並行して非連続イノベーションを既存企業が自社内で起こすにはどうしたらよいか，ということについての研究が近年盛んになってきた。アッターバックは米国において46サンプルの非連続イノベーションを調査している。そのうち，3分の1（15サンプル）が，既存の競争企業群から生じたもの，残りの大部分の27サンプルは新規参入によるもの，そして残りの4サンプルは，産業自体が存在していなかったもの，ということを見出した。非連続イノベーションを起こすことは，新規参入が優位な一方，既存企業も起こすことが可能であると述べている（Utterback, 1994）。主要な先行研究を以下にまとめた。

　Tushman and O'Reilly（1996）は，業種にかかわらず先頭に立つ一群の企業が急速な変化の時期に直面して，敗者となる場合が多いことを観察し，具体的に企業がどのように対応したらよいのかを，過去のケースやコンサルタントとしての経験をもとに提案している。イノベーションに関しては，アバナシー＝アッターバック・モデルを中心に，イノベーションの種類を説明し，イノベーションの種類によって，対応するマネジメントや組織の体制，文化が異ならなければならないと主張している。成功している企業は成功体験のなかで，どのようにしたらうまく仕事ができるかを組織が学習し，規範，ルールや制度ができ，それらに基づいて，日々問題に対応している。そのため，従来の延長線上で起こる連続イノベーションには対応できるが，そうでない非連続イノベーションでは失敗すると指摘している。対応策として，連続イノベーションと非連続イノベーションに対応するには別々に異なる組織を必要とし，両利きの組織（ambidextrous organization）を提案している。すなわち，連続イノベーションのように漸進的な変化の時期に必要とされる組織は，どちらかというと明確な役割と責任，職能別構造，効率志向の文化，十分に設計された業務プロセスなどを備え，製造及び販売に強い能力を保持している。そして経験豊富な人材を当てれば対応できる。対照的に，動乱期の非連続イノベーションは，企業家活動（entrepreneurship）が活発に行われるタイプの組織から生まれる。

　タッシュマンらは，管理者（senior manager）は危機に直面してから対応するのではなく，事前に変革の機会を見つけ出すべきであると主張し，その方法を提案している。管理者が変革の機会を見つける方法として，現状の組織の実績とあるべき期待値との差を明確に認識することが重要だとしている。その認識がなければ，良いアイデアがあっても取り上げることができない。期待値に関しては，組織を取り巻く環境，組織の資源，そして組織の歴史を考慮して，戦略，目標，ビジョンを定めることによって決めることを提案している。この背景には，タッシュマンらの「（問題は）解決策となるアイデアや技術が組織内に欠けているわけではなく，管理者が変革のリーダーシップをとれないことにある」という考え方がある。

　レンセラー工科大学では調査プロジェクトをつくり，1995年から6年間，10社の研究開発型企業で行われている12プロジェクトについて，複数の研究者が追跡調査を行った（Leifer et al., 2000）。それにより，連続イノベーションと非連続イノベーションの開発プロセスが根本的に異なることが判明した。連続イノベーションの開発プロセスはリニアであるが，非連続イノベーションの開発プロセスは多くの非連続性やギャップのあるノンリニアなプロセスであった。また，ビジネスモデルについては連続イノベーションは初期に決めることができるが，非連続イノベーションは技術や市場についての不確実性が減少するごとに徐々に明らかになってくる。

　非連続イノベーションのアイデアを商業化のために取り込んだのは，組織的な行いではなく個人的な活動によっていることを示し，彼らを機会認識者（opportunity recognizer）と名づけている。さらに，これらの活動を組織的に支えることで，非連続イノベーションが起こりやすくなることを提案している。インフォーマルネットワークの作成，企業トップの呼びかけ，長期的な戦略的な位置づけ，アイデア蓄積のハブ，などを具体案として示している。

　クリステンセンとレイナーは，成長事業に乗り出そうという企業にとっての根本的な問題が，優れたアイデアの不足であることはほとんどない，という認識のもとに，組織内にあるアイデアをいかに破壊的成長を生み出す事業として形成させるか，についてマネジメント手法等を提案している（Christensen and Raynor, 2003）。そのうち，重要なものは戦略策定プロセスの提案である。

　クリステンセンとレイナーは戦略策定プロセスを上手にマネジメントしたほうが，戦略そのものよりも，経営に与える効果は高いと主張する。戦略策定プロセスは，大きく分類すると意図的プロセス（トップダウン）と創発的プロセス（ボトムアップ）の2つになるが，クリステンセンらは，この2つを組み合わせ，状況に応じた戦略策定セオリー（a circumstance-based theory）を提示している。すなわち，将来を予見することが難しく，何が正しい戦略かはっきりしないような状況では，創発的プロセス主導で戦略を策定することが望ましく，他方，必勝戦略が明らかになれば，今度は意図的戦略プロセス主導で戦略

を策定する，としている。この成功例として，インテルのマイクロプロセッサ
（非連続イノベーション）の例を挙げている。

　マネジメントのポイントとしては組織内にあるアイデアをいかに吸い上げる
かを強調している。具体的には，アイデアを事業に結びつけることを担当する
上級役員を配置する。彼のもとにチームをつくって全社からアイデアを吸い上
げるようにするのである。このときに，営業や技術の現場のメンバーに対して
非連続イノベーションとなるようなアイデアはどのようなものかの教育を行う
ことも提案している。

　英国において，2001 年より貿易産業省がスポンサーとなって行われている
非連続イノベーションフォーラム（The Discontinuous Innovation Forum）が
あり，約 30 程度の企業と複数の大学がメンバーとなっている（Phillips et al.,
2006；Bessant et al., 2005）。非連続イノベーションの理解とマネジメントの向
上を目指し，過去の論文等を整理し，どのようなときに非連続イノベーション
が生じるか，要因についてまとめ（図表 2-1），今後は非連続イノベーション
が起こる機会が増えることを予測している。また，実際に非連続イノベーショ
ンに取り組んでいる 4 つの企業にインタビュー調査を行ってもいる。この結
果，通常のイノベーションで有効な手段は非連続イノベーションでは有効では
なく，非連続イノベーションの新たな手法を開発しなければならないことを示
した。また，各企業が手段は異なるが創造性を支援するようなマネジメントを
行っていることを指摘している。具体的には，日常業務から離れるサバティカ
ル期間を設けている企業，スカンクワークのスタイルをとる企業，未来のシナ
リオやオプションを見出そうとしている企業，などである。どのようにすれば
非連続イノベーションの機会を合理的な手段で見つけ，そして実際に起こせる
のか，具体的なマネジメント方法を明らかにしていくには多くの研究が必要で
あることを指摘している。

　以上，主要な研究をレビューした。非連続イノベーションは産業を変えてし
まうほどのインパクトがあることから，1970 年代から注目され多くの研究が

図表 2-1　非連続イノベーションが生まれる要因

要　因	説　明	問　題	例
新技術の出現	製品・プロセス技術の画期的な変化で，複数の技術の流れが合流して起こる。	通常の技術探査の範囲を超えているため気がつかない。	クォーツ腕時計
新市場の出現	ほとんどの市場が，分化しながら徐々に成長する。しかし，まったく新しい市場が出現することがある。この市場は，従来の予測手法では予測できないものである。	既存の市場に集中しているため従来のプレイヤーは気がつかない。	ディスク・ドライブ，携帯電話
新政治支配の出現	経済や社会制度を形づくっている政治支配が，変わってしまう。	ビジネスのゲームの仕方が変わっても，既存の企業はなかなか，新しいルールを学ぶことができない。	社会主義経済から市場経済への移行
成熟産業の成長の限界	成熟産業にいる企業がイノベーションの余地がなくなってきている状況から逃げ出す必要がある。	現状のシステムは特定の技術軌道上につくられており，イノベーションルーティーンの安定した状況にいる。この状況はリスクをとることへの抵抗勢力となる。	ブリタニカ百科事典
市場のセンチメントの激変	通常一般の人々の意見はゆっくり変化する。一方，あるとき急激に変わってしまうことがある。	それに気づかないか，他の根拠のない理由に固執して，手遅れになってしまう。	アップル，マイクロソフト等のIT企業 vs.既存の音楽産業
規制緩和	規制緩和によって既存の規制がなくなったり，新しい制度ができることによって生まれる変化。	新しいゲームのルールが現れたとき，既存のプレイヤーは，新しい機会を見出すのに迅速に対応できない。	電話やエネルギー等従来独占企業
新ビジネスモデルの出現	既存のビジネスモデルが変わったり，新しいモデルが現れる。	新規参入組は新しいモデルのなかにビジネス機会を見出すが，既存のプレイヤーは十分に対応できない。	チャールズ・シュワッブ，アマゾン
新アーキテクチャーの出現	アーキテクチャーレベルの変化は部品メーカーのゲームのルールを変えてしまう。	既存の部品メーカーは，新アーキテクチャーに対応することが難しい。	半導体生産におけるフォトリソグラフィ

（出所）Bessant et al.（2005）をベースに筆者が作成。

行われてきた。これらの先行研究の成果のポイントは次のようにまとめられる。

① 非連続イノベーションはそれまでの優良企業を失墜させる。また，非連続イノベーションを生んだ企業は競争優位となる。

② 連続イノベーションと非連続イノベーションとでは要求されるマネジメントがまったく異なる。

③ 非連続イノベーションは社内企業家活動によって生み出される。

④ 企業が長期に存続していくには，連続イノベーションと非連続イノベーションの2種類を同時に扱うマネジメントが不可欠である。

以上のような研究成果がある一方で，問題点もある。非連続イノベーションに関して，組織内にアイデアは十分あるが，合理的な方法で事業機会を発見するのは不可能，という前提で，マネジメント研究が行われてきた。具体的には，組織内に存在するアイデアをいかに効率よく取り込んで，組織の戦略にするかという課題に多くの研究がなされてきた。この結果，非連続イノベーションのアイデアや機会がどのように生まれたのか実証データが十分収集されていないため，実態が把握されていないことが大きな課題であり，非連続イノベーションを起こす具体的な行為を明確にできない要因となっている。

2.2　経営戦略に関する先行研究

(1) 戦略研究の多様性

あらゆる学問は時代の子であり，企業活動に関する戦略研究もそれぞれの時代や社会に企業が直面してきた課題に対応する形で発展してきている（Jeremy, 2002；山倉，2007）。そのため，これまで行われてきた戦略研究のアプローチは多種多様であり，様々な分類がある[1]。Whittington（2001）は，出力（利益最大化，複数目標）と策定プロセス（意図的，創発的）の2つの軸で4つの分類をつくり，戦略研究を分類している（図表2-2）。

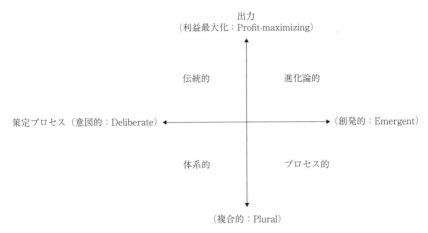

図表 2-2　Whittington による戦略研究の分類

（出所）Whittington（2001）。

　ここで図表2-2に示されている4つの学派について説明しておこう[2]。

① 伝統的（classical）学派

　この学派によると，戦略とは十分な計算と分析を合理的に行ってつくられるもので，長期的な利益を最大化するようにデザインされる。もし，適切な情報収集と分析手法が行われれば，組織内外の出来事が予測可能なものとなる。良い計画というのは，組織の内外の環境を把握しているものである。合理的な分析による戦略と客観的な意思決定が長期的な成功または失敗を決する。Ansoff（1965）や Porter（1980）が代表例である。

② 進化論的（evolutionary）学派

　この学派によると，伝統的学派による合理的な計画作成はしばしば無意味となる。競争環境というのは，あまりにも複雑であり，効果的に予測することのできないものである。ダイナミックで敵が多く，競争が激しい市場では長期的な予測は無意味であり，利益最大化の戦略にめぐり合えた企業のみ生き残る。ビジネスというのは生物学の進化における種と同じであり，競争のプロセスは適者生存を選び出すだけである。進化論的学派によれば，重要な選択をするの

は経営者ではなく市場であり，成功する戦略とは自然淘汰の結果現れるもので
ある。経営者ができることは，日々環境が要求するものについてできるかぎり
効率的に適応することだけである。事例として挙げられるのはソニーのウォー
クマンの製品開発で，顧客の好みが多様化するなかで，たくさん種類を出し
て，お客の買うものだけを残すという方法である。代表例は Hannan and Free-
man（1988）である。

　③　プロセス的（processual）学派

　この学派は長期的な計画が無意味であることでは進化論的学派と意見が同じ
であるが，環境に適応することによってのみビジネスが生き残るという点につ
いては重要視していない。Simon の限定合理性を非常に考慮していて，人間の
判断能力は非常に限られているという立場に立っている。組織や市場の意思決
定プロセスは，伝統的学派や進化論的学派が考えているようにパーフェクトで
はない。人々の興味は同じではなく多様であり，また，いつも物事を完全に理
解しているわけではない。そのような状況のなかで，組織と市場の間でレスポ
ンスし，学習や妥協の結果，戦略が形成されるものである。本学派は「賢明な
戦略家は，自分たちがあらかじめ考慮できるほど賢明ではないことを理解して
いる」と主張する（Mintzberg, 1987, p.69）。代表例は Mintzberg（1978）や
Mintzberg and Waters（1985）である。

　④　体系的（systemic）学派

　この学派は戦略の目的や実施というものは戦略が作成されている社会の特性
に左右されると考えている。戦略の目的というのは，必ずしも利益最大化では
ない。それはその社会の文化の価値観によって多様なのである。それぞれの社
会において合理的な判断の結果からきているものである。例えば，企業ファイ
ナンスにおける以前のドイツ・日本モデルと米国モデルの比較で，ドイツ・日
本は銀行によるもので，比較的長期的視点で経営される。米国は株主利益を最
優先し，短期的な利益を追う経営が行われる。また，多くの日本企業では従業
員の雇用の確保も重要な目的であり，米国企業とは大きく異なる。企業が戦略
を決めているように見えるが，実際は，社会のシステムや文化が大きな影響を
与えていて，社会環境そのものが戦略の方向性を決めていく。代表例は Gra-

novetter（1985）や小田切（1992）である。

　本研究においては，Whittington の2つの軸のうちの1つである戦略策定プロセスに関する軸，すなわち，意図的プロセス－創発的プロセスの切り口に注目する。非連続イノベーションの戦略に関する先行研究は意図的－創発的の切り口で検討されている。理解を深めるために意図的プロセスと創発的プロセスの間に起こった論争について以下に説明する。

(2) 意図的プロセス対創発的プロセスと非連続イノベーションの戦略策定プロセス

　近年，戦略策定プロセスに関しては，意図的プロセスと創発的プロセスの2つの方法[3] の間で論争が展開されてきた（Mintzberg, 1990；Ansoff, 1991；Mintzberg, 1991；Cusumano and Markides, 2001；Grant, 2003）。この論争は戦略策定の研究に大きな影響を与えてきた（Tidd et al., 2005；Grant, 2005）。両プロセスの概要は次の通りである。

　意図的プロセスの基本は分析である。通常，市場成長率，市場分野の規模，顧客のニーズ，企業の強みと弱み，技術曲線などに関するデータの徹底分析をもとにしている。戦略は上席マネジャーや本社のスタッフが作成し，トップダウンで実施に移される。戦略作成と実施は分離されている。戦略作成は実施する前に終了していなければならない（Chrisetensen and Raynor, 2003；Mintzberg et al., 1995）。

　一方，創発的プロセスの基本は学習である。試行錯誤がベースとなっている。組織のどの場所でも学習は可能であるため，理論的には組織に所属する誰もが戦略を作成することができる。実際には，重要な学習は比較的低い階級で起こる傾向がある。例えば，研究開発型企業では技術者や実務者が現場の貴重な情報を最初に得られる。このため戦略は組織の内部から湧き上がってくるもので，ボトムアップ型である。戦略作成と実施は交互に行われる。戦略は行動を通して形成される（Chrisetensen and Raynor, 2003；Mintzberg et al., 1995, 1998）。

　この典型的な論争のケースとしてよく使用されるのが，ホンダによる米国バイク市場への進出のケースである。ホンダがどのような戦略をとって成功したのか，2 つの異なる説明があり，それが意図的プロセスと創発的プロセスの違いを明確に示している。以下，説明する。

ホンダ米国小型バイク市場進出についての説明

(Mintzberg et al., 1998；Pascal, 1996)

ボストンコンサルティング・グループ（BCG）の説明（意図的プロセスの立場）

　英国政府は BCG に，日本企業が，特にホンダが米国のオートバイ市場において英国の企業を劇的に凌駕したのはなぜなのかを説明することを依頼した（1959 年に英国は米国の輸入バイク市場の 49% をもっていたが，1966 年には，ホンダ 1 社で同市場の 63% をもつに至った）。

　1975 年に BCG から提出された報告書は，ホンダが米国市場へ参入する前に用意周到に戦略を計画したことを指摘した。ホンダは経験曲線，高い市場占有率，そして，国内生産量の規模の経済を活用し低コストに努め，さらに中産階級の消費者にターゲットを絞り，小型のオートバイを販売する，という新しいコンセプトから参入してアメリカ市場を攻撃したと説明した。なお，戦略的行動を学生に教えるために，本報告書は米国の多くのビジネススクールで使われるようになった。

リチャード・パスカルの説明（創発的プロセスの立場）

　リチャード・パスカルは『ジャパニーズ・マネジメント——日本的経営に学ぶ』の共著者であり，実際に米国市場への参入を担当したホンダの人々に取材をした。その結果，BCG と異なる説明を聞いた。

　ホンダの担当者 2 人は 1959 年にロサンゼルスで安アパートを借りて大型オートバイの販売を始めた。最初の 8 カ月間は，50 cc の小型バイクを導入することはまったく考えていなかった。小型バイクは日本では大成功だったが，すべてが大きく豪華な米国市場にはまったく受け入れられないと考えていた。決め手となったのは，米国輸入市場ではヨーロッパのメーカーが米国メーカーと同様大型のオートバイに力を入れていたことであった。

　彼らは，ロサンゼルスで用を足すのに 50 cc 小型バイクに乗っていたが，かなりの注目を浴びていた。シアーズのバイヤーから電話があったが拒否をした。極端に男性的な米国市場に小型バイクを押し出すことは，イメージを損ねると考えた。しかし，ホンダが売り出していた大型バイクは米国人が長距離，高スピードで乗るた

めに多くの問題が生じ，販売がうまくいっていなかった。選択の余地がなくなり，小型バイクを米国市場に導入することにした。これが大ヒットし，ホンダの米国市場進出の成功を導くことになった。

　論争のポイントは，戦略が明らかに創発的戦略であることを認める一方で，創発的戦略とは戦略策定が失敗に終わったことに他ならない，という主張がある。すなわち，その経営者がもっと能力があり，完璧に戦略分析を行っていれば，創発的戦略ではなく意図的戦略が成功していたという見解である（Barney, 2002）。

　以上，意図的プロセスと創発的プロセスの切り口を説明してきた。この視点で，非連続イノベーションの戦略策定プロセスに関連した研究が，限られた数だが行われてきた。Burgelman（1991, 1994, 2002）は半導体産業の1つの企業に関して長年ケース・スタディを行い，非連続イノベーションの新規事業開発が経営主導ではなく現場主導で行われ創発的プロセスがとられていることを示している。すなわち，現場で社内企業家が機会を発見し，それを中間管理職が見出して，経営上層部へ提案するというボトムアップのプロセスを示している。また，Reid and de Brentani（2004）は非連続イノベーションのファジー・フロント・エンド（fuzzy front end：開発前期間）における意思決定のプロセスを，組織と個人などの視点で，過去の先行研究の成果をベースに演繹的プロセスによってモデルを提案している。これによると，非連続イノベーションは組織の主導で行われるのではなく個人の主導によって始まるものであると主張されており，創発的プロセスを示唆している。

(3) 戦略策定プロセスと機会発見

① 機会発見の重要性

　機会発見がどのように行われるかは，意図的または創発的な戦略策定プロセスの選択に大きな影響を与えると考えられる。その例として前述の戦略策定プロセスの論争の対象の1つとなっているホンダの米国進出成功のケースがある。意図的プロセスの立場のボストンコンサルティングの説明は，ホンダの小型バイクによる米国進出の成功は事前に様々な分析をして進出機会を見出した

ことによることを示している。一方，創発的プロセスの立場をとっているリチャード・パスカルの説明では，ホンダは米国市場で試行錯誤を重ねた結果，予想していなかった小型バイクの進出機会を見出したことになる（Mintzberg et al., 1995）。このケースは，機会発見がどのように行われるかを把握することが，適切な戦略策定プロセスを決める有力な手段であることを示唆している。

②　非連続イノベーションにおける機会発見

　前述の先行研究が非連続イノベーションに創発的プロセスが適しているとする背景には，Burgelman（2002）が述べているように，非連続イノベーションの新規事業の機会発見は現場主導によって行われる，という認識がある。しかし，残念ながら，非連続イノベーションの機会発見の実証データは非常に限られており，全体像は十分わかっていない。

　非連続イノベーションの機会発見を難しくしているのはその不確実性の高さである。Lynn et al. が次のように述べている。

　「非連続イノベーションの首尾一貫した特徴はその高い不確実性である。技術がどんどん発展し，市場はなかなかはっきりしない，そして未知の市場に対する開発中の技術を供給するインフラストラクチャーは存在していない。さらにタイミングが問題である。技術を開発する時間がどのくらい必要なのか，市場がいつごろ現れるのか，競合する技術が開発されるのにどのくらいの時間が必要なのか，等のことが，よりいっそう問題を複雑にする。さらに，これらの複雑さは相互に入り組んでいる」（Lynn et al., 1996, p.10）。

　Lynn et al.（1996）はこの不確実性を，市場，技術，タイミングからなる三重の不確実性（triple-headed uncertainties）と呼んでいる。この高い不確実性のなかで困難なことは機会の発見である。従来は，非連続イノベーションによる新規事業や新製品開発の機会は現場において偶然発見されるものであり，組織が意図的に発見することは不可能と考えられてきた（Kaplan, 1999）。

　また，先行研究の多くが，非連続イノベーションのアイデアは組織内に豊富に存在すると認識しており，研究の焦点をそれらのアイデアをいかに抽出し経

営に結びつけるかに置いてきた（Tushman and O'Reilly, 1996；Christensen and Raynor, 2003）。このため，非連続イノベーションの機会発見の全体のプロセスについては十分な実証データは得られておらず，どのようなものか把握されていない。参考のため，部分的ではあるが先行研究による非連続イノベーションの機会発見プロセスに関する知見を記述する。

③ 機会発見プロセスに関する実証データと課題

非連続イノベーションは，前述したように技術の面でも市場の面でも非常に不確実性が高い。本分野での初期の研究である Burgelman and Sayles（1986）は非連続イノベーションによる事業機会は技術と市場の結合によって生まれると考え，事業機会をどのように見出すか，テクノロジープッシュ・マーケットプル[4] の視点で検討している。テクノロジープッシュは事業機会を技術からアプローチして生み出すものであり，マーケットプルは市場からアプローチして事業機会を見出すものである。Burgelman and Sayles（1986）は，どちらでもない二重結合（double-linking）を示している。これは複数の技術を結合すると同時に，市場も統合するというものである。具体的には，どのような技術が開発されているのか状況をよく知り，そして事業サイドとの十分な接触をもっているため市場ニーズの観点から考えることができる R&D 部門のグループマネジャーが事業機会を決定すると，指摘している。

その後の非連続イノベーションの先行研究も，技術と市場がいかに結合されるかという視点で事業機会を見ている。例えば，レンセラー工科大学の研究（Leifer et al., 2000；Rice et al., 2001；O'Connor and Rice, 2001）は 12 の非連続イノベーションについてケース・スタディを行っているが，技術者が技術的興味で生み出したアイデアについて，機会認識者（opportunity recognizer）が組織の指示ではなく自主的に市場と結びつけることによって機会を見出したことを指摘している。また，Phillips et al.(2006) らは，英国での 4 つの非連続イノベーションのケース・スタディを行い，多様な種類の情報を結びつける技術者が重要な役割をしていることを発見し，そしてそれをさらに，ビジネスに精通したマネジャーが市場と結びつけ機会を生み出していると指摘している。

Burgelman（2002）によると，インテルのマイクロプロセッサーの開発はそ

れまでになかった製品についての顧客の注文に対して，現場が技術的対応を継続的に行い機会を見出したものである。

　また，特に市場ということに絞って研究したものもある。Lynn et al. (1996) は 4 つの成功した非連続イノベーションのマーケティングに焦点を当て，プロトタイプの試作以降の期間を対象にケース・スタディを行った。これによると，連続イノベーションの場合は市場分析して対象とする市場を把握するが，非連続イノベーションの場合は試作品をつくって市場に出し，それへの反応から市場の求めているものを把握し機会を発見しているとする。このようなプロトタイプの使い方については，従来の製品開発の「スペック主導のプロトタイプづくり」に対して，飛躍的な新しい価値の創造には「プロトタイピング主導のスペックづくり」が適すると指摘されている（馬場，1998）。

　さらに，事業機会のアイデアが生まれたのちの技術の難しさについての記述もある。非連続イノベーションにおける画期的な製品においては，市場に受け入れられる価格を実現する生産工程を開発することが難しく，大変重要であると指摘されている（Katz, 2003）。P&G 社が使い捨ておむつ市場に参入したとき，製品のアイデアをつくりだしたのちに，市場が許容するコストで量産する生産方法の開発が非常に難しく，市場が求める価格，品質等をクリアすることが生産技術者の関与によって初めて可能となったことが示されている。

　以上の非連続イノベーションの機会発見に関する先行研究による実証データは参考にはなるが，それぞれ異なる視点や異なる開発期間を対象に情報収集されているため，非連続イノベーションの機会発見プロセスが部分的にしかわからず，全体像が把握できない。このため，どのような戦略策定方法が適切なのか十分に検討できない状況である。非連続イノベーションの機会発見プロセスの全体像を体系的に把握することは戦略策定を検討するためには重要な課題なのである。

(4)　戦略研究の流れのなかにおける本研究の位置づけ

　以上，非連続イノベーションの戦略研究で，どこまでわかっていて，どこか

らわからないのかを分析し，課題を抽出した。すなわち，戦略策定プロセスを決めるために重要な要素である機会発見のプロセスが十分わかっていないため，この機会発見プロセスを把握することが今回の研究の主要な課題となることを示した。

　本項では，戦略研究の流れのなかで，本研究がどこに位置するのかを示すことにする。具体的には，非連続イノベーションの戦略研究は意図的プロセス対創発的プロセスの視点で検討されてきたため，ここでは意図的プロセス対創発的プロセスの視点で戦略研究の流れを見直し，今回の研究の位置づけを行う。基本的に，初期のころは意図的なプロセスの研究が行われ，近年では創発的プロセスを重視した研究へとシフトしている。以下，詳細を述べる。

　1960年ごろ，企業活動に関する戦略がチャンドラーによって始められたころは，基本は意図的プロセスであった。チャンドラーは，デュポン社，GM社など4つの大企業の歴史を調べ，経営戦略と組織の関係を示した最初の企業戦略研究を行ったとされている（Jeremy, 2002）。例として，デュポン社は1920年ごろ，それまでの火薬事業という単一事業から，新製品開発による新市場進出による多角化戦略をとった。しかしそれは，異なった事業の運営を同時に行うという管理の複雑さを呼び，従来の組織では対応できず，業績が低迷した。この問題が組織に関する問題であると認識した経営者が新しい組織体制を導入した。それが事業部制であった。他のケースも，発生の仕方は異なるが，最終的に事業部制をとる。このとき共通して，戦略策定後，戦略を実施するための組織がつくられることを示した。すなわち，「組織が戦略に従う」ことを見出している（Chandler, 1962）。ちなみに，彼によると，戦略とは「長期的な視野に立って企業の目的と目標を決定し，それを達成するために必要な行動方針を採用し，資源の配分を行うこと」[5]である。

　チャンドラーによる研究の流れを受けて，意図的プロセスによる研究が発展した。Ansoff（1965）は多角化戦略を示し，また戦略を実行する組織の重要性を踏まえて戦略経営（strategic management）を生み出した。Andrews（1971）はSWOT（強み，弱み，機会，脅威）分析で知られる経営戦略論（The Concept of Corporate Management）を提案し，現在でも通常の戦略分

析に使用され影響を残している。また Porter（1980）もポジショニング理論による競争戦略を生み出し，戦略研究に大きな影響を与えた。

　この一方で，1980年代に不確実性が増大するに従って戦略作成時の予測がなかなか当たらなくなり，戦略理論は創発的な特徴をもち始める。具体例として石油メジャーのケースを紹介する。

1970〜1990年代における石油メジャーの戦略の変遷
（Grant, 2003）

　意図的プロセス対創発的プロセスの論争において，「不確実性が高い環境では予測が難しいため，戦略的な計画（意図的プロセス）が不可能なのではないか」との指摘があり，グラントが反論のため，8つの石油メジャーについてケース・スタディを行っている。

　1980年，1990年代に石油価格破壊などで，石油メジャーを取り巻く環境は一変し，不安定性と不確実性が増大した。ケースはこの時期を対象としている。企業戦略策定プロセスに関連する重要な発見は次の通りである。

　1970年代の安定期には，これらの石油メジャーは，全社計画部門をもち，石油の需要と供給，価格，利益の予測；シナリオの作成；経済や市場予測と会社の業績予測を行うファイナンスモデルの作成；年間の戦略的計画策定サイクルの管理；計画手法の開発；全社及び部門の戦略課題についてのアドバイス，などを行っていた。予測は戦略計画策定のベースとなっていた。

　しかし，1980年代には，経済や石油価格の予測の正確性が極端に悪くなり，これらを企業戦略のベースとしていた石油メジャーは大打撃を受け，予測作業と人員を削減した。戦略策定責任に関しても変化があり，戦略を決定する責任が，会社全体を統括するマネジャーから事業部のマネジャーに移行した。そして，計画責任が，本社計画スタッフからラインマネジャーに移った。このため，戦略計画システムが創発的戦略策定プロセスの傾向を抱くようになった。

　全社の戦略計画策定の仕組みは，経営幹部がビジョンやミッションといった形でガイドラインや制限をつくり，そのもとで，事業部が戦略を策定するようになった。戦略計画策定の方向としては事業部から本社へ向かうボトムアップとなった。グラントは，この両プロセスが融合した戦略計画策定の仕組みを「計画的な創発的プロセス（planned emergence）」と呼んでいる。

　急速なビジネス環境の変化が，過去に基づく予測にすぎなかった長期計画の妥当性を崩壊させてしまった。その結果，経営の焦点は，市場に防御可能な地位を築くことから，変化を感じ取って柔軟に素早く反応できる組織力を育てることに移ってきた（Bartlett and Ghoshal, 1997）。戦略が組織によって規定されることが意識され始めてきた。つまり，「戦略が組織に従う」方向にシフトし始めたのである。前述のチャンドラーの主張と逆になったわけである。

　戦略理論は，企業のもっている能力を上げることに経営者は時間を割き，あとは現場が具体的な対応を自ら判断していく，という方向へ変化していく。それが，資源ベース理論（Barney, 1991；etc.），コア・コンピタンス（Hamel and Prahalad, 1994），ダイナミックケイパビリティ理論（Teece and Pisano, 1994）という考え方である。資源ベース理論とは，価値（value）があり，稀少（rarity）で，模倣困難（inimitability）な資源，そしてそれらを活用できる組織（organization）をもつ企業は持続的競争力をもつことができるというものである（Barney, 1991）。これを VRIO モデル[6] という。コア・コンピタンス理論とダイナミックケイパビリティ理論は資源ベース理論の類型または発展型と考えられる。コア・コンピタンスとは「他社には提供できないような価値を顧客にもたらすことのできる，組織内部に秘められた独自のスキルと技術の集合体」であり，ダイナミックケイパビリティとは「外部環境の変化へ対応するために，組織内外の能力を集約し再構築をする企業の組織能力」[7] のことである。

　さらに，戦略策定より戦略が生み出される環境条件を理解するほうが重要だとする意見もある（Hamel, 2001）。この流れのなかで，前述の Christensen and Raynor（2003）の「戦略そのものよりも戦略策定プロセスを上手にマネジメントしたほうが経営に対する効果が高い」との指摘は主流といえるかもしれない。

　近年，経営戦略の目的が新しい価値を築くことに焦点が移ってきており，価値を築く代表的な活動の1つである企業家活動（entrepreneurship）と戦略との関係が新しい研究領域として重要視されつつある。企業家活動と戦略を扱った *Strategic Entrepreneurship Journal* も 2007 年 11 月に創刊号が発行されてお

り，企業家活動と戦略の両研究領域の交流によって新しい知見が生まれること
が期待されている（Schendel and Hitt, 2007）。以前も，社内の企業家活動と
戦略策定についての研究では，Burgelman and Sayles（1986）による研究な
どがあるが，これは機会が現場で発見された後，それがどのようにして組織の
戦略になるかを扱った戦略プロセスの研究である。一方，今日では企業家によ
る機会発見のあり方そのものが重要な研究対象になっている（Alvarez and
Barney, 2007）。本研究も社内企業家活動による機会発見に焦点を当てて戦略
策定プロセスを検討するものであり，この新しい研究領域に位置づけられる。

2.3　機会発見に関する企業家活動（アントレプレナーシップ）の先行研究

　非連続イノベーションと戦略の研究分野の先行研究を整理し，課題を抽出し
てきた。この 2 つの研究領域で示された重要課題は非連続イノベーションの機
会発見プロセス全体の把握である。本研究ではケース・スタディを実施するこ
とにより，機会発見プロセスの探索を行う。探索にあたっては，やみくもに探
索するのではなく，効果的に行うために先行研究を参考にする。
　既存企業における非連続イノベーションの機会発見は企業家活動で行われて
いる（Tushman and O'Reilly, 1996）。そのため，ここでは非連続イノベーショ
ンの機会発見プロセスの探索に関して有効な方向性を与えてくれると考えられ
る「機会発見に関する企業家活動」の先行研究をレビューする。

(1)　先行研究の流れ

　基本的に企業家活動とは，機会を形成したり利用したりすることである
（Schendel and Hitt, 2007）。Schumpeter（1934）によれば，機会は新しい資源
の組み合わせによって生まれる，と示されているが，この理論は現在でも使わ
れている（Morris et al., 2008）。また，社内企業家活動も同様に「（組織内で）
自発的に資源の新しい組み合わせをすることによって事業機会を見出すこと」
と指摘されている（Burgelman, 1984）。問題は，具体的にどうすればそれがで

きるのか，である。

　企業家活動については研究が長年行われてきているが，これまでは機会が発見された後の企業家による活動のプロセスに大部分の研究が集中している（Fiet, 1996）。機会発見後の研究対象の例としては，事業計画の策定やベンチャーキャピタリストの投資評価などがある。しかし，近年，事業機会発見の前にも焦点が移り，「機会発見に関する企業家活動」についての研究が活発になり，企業家の性格という研究課題から離れ，企業家の行為を扱うことによって研究に進歩が見られるようになった。重要な進歩が見られたのは，機会発見と企業家の情報（知識）の関係，機会発見と企業家の学習の関係等についてである（Corbett, 2007）。基本的にこれらの研究は企業家個人を対象にしている。

　ここでは，まず最初に企業家による機会発見についての過去の主要な理論を説明し，次に近年発展してきた重要な研究を紹介する。

　① 過去の主要な理論

　企業家に関する研究は，3つの理論に集約できるとされている（Shane, 2000）。それらは下記の通りである。

　ⓐ 新古典主義均衡点理論（neoclassical equilibrium theories）

　企業家的機会は誰にでも発見することができる。誰が企業家になるかは，機会に関する情報ではなく，その人の属性によって決まる。例えば，不確実性を許容できる人が企業家になり，不確実性を許容できない人が従業員になる。

　ⓑ 心理学による理論（psychological theories）

　企業家的機会は誰にでも発見することができる。しかし，それを利用する人は特定の性格をもった人である。例えば，高い業績を望んでいる，リスクを喜んでとる，あいまいさに耐えることができる，などである。企業家になるかどうかはその人の性格によるのである。

　ⓒ オーストリア理論（Austrian theories）

　この理論のもとでは，人々はすべての企業家的な機会を認識することはできない。機会について情報をもっていることが，その人の能力や性格といったものより，その人を機会発見に導き企業家にする。機会を発見しようとしなくても，特定の情報をもっている人は，特定の機会を発見する。

②　近年の重要な研究成果

ⓐ　機会発見と企業家の知識の関係

近年，大きく進展があったのはオーストリア理論からのアプローチであった（Dimov, 2003）。人が保有している事前知識（prior knowledge）[8] の違いが機会発見に影響することがケース・スタディなどの実証データによって示された（Shane, 2000）。ここで使われている事前知識とは，教育や経験から得られた知識のことを指している。具体的には，MIT 教授らによる 1 つの発明に対して，複数の企業家が取り組み，8 つの異なる市場を発見した状況を分析している。これによると，それぞれ切り開いていった異なる市場は，各企業家の事前知識，すなわち，教育や仕事経験に大きく関連していることがわかった。同じ発明でも，事前知識によって，切り開いていく市場が異なってくることを示した。また，それらの市場へどのように対応するかということも，事前知識が影響していることがわかった（図表 2-3）。

企業家の学習能力も機会発見に影響することがわかってきている（Dimov, 2003；Corbett, 2007）。知識から学習する能力の 1 つとして知識を変換する能力がある。知識を変換する能力は，集中能力（intension）と拡張能力（extension）があり，集中能力は失敗を避け，多くの機会を試みない傾向がある。一方，拡張能力は失敗を気にせず，成功を最大限にすることだけを考え，多くのことを試みる（Kolb, 1984）。心理学実験データは，拡張能力のほうが機会発見に有利であることを示している（Corbett, 2007）[9]。

これらの研究は，事前知識と機会発見の関係[10]，保有している学習能力と機会発見の関係，という視点で研究がされてきた。このほかに，機会発見の時間経過のプロセスに焦点を当てる研究が現れて，新しい有用な知見が生まれている。以下に説明する。

ⓑ　機会発見プロセスにおける学習

これまでは，機会というのは発見され，後はそれを事業化する，ということしか考えられていなかった。最近，機会発見の時系列的なプロセスをケース・スタディで分析することにより，機会の発見と事業化の間の学習が重要であることが実証データをもとに指摘され始めた（Ravasi and Turati, 2005）。これ

図表 2-3　同一発明に対する各企業家の事前知識と機会発見の関係

企業名	見つけた市場		ビジネスの仕方	
		事前に保有していた知識		事前に保有していた知識
Z Corp	産業デザインと建築	a）産業デザイン分野の教育と職務経験 b）建築分野での職務経験	コンセプトモデルを作成する機械の製造	教育から得た機械設計と製造の知識
Therics	薬	製薬会社での職務経験	特殊マイクロ構造をもつ薬の製造	a）薬の材料についての職務経験 b）FDA承認作業の職務経験等
Special Surface	電力発電	発電所へのフィルター供給の職務経験	セラミックの最終製品の製造	a）セラミックスの教育と職務経験 b）製造工程の小型化の職務経験, 等
Soligen	金属鋳造	金属部品の使用者へプロトタイプ機械の供給の職務経験	金属鋳造のためのセラミックス鋳型をつくる機械の製造	職務経験から得た機械設計・製造の知識
3D Partners	建築	建築分野での職務経験	建築モデルを提供するサービス	建築コンセプトモデルの製造の職務経験
3D Orithopedics	歯列矯正	歯列矯正分野の教育と職務経験	オーダーメイドの人工骨をMRIイメージで提供するサービス	a）歯列矯正の教育と職務経験 b）イメージ技術の研究経験, 等
3D Imaging	外科手術モデル	健康管理コンサルティングに職務経験	外科手術モデルを提供するサービス	a）健康管理コンサルティングの経験 b）CADインタフェイスの研究経験
Conferences	小売消費者商品	a）アート・ディーラーの職務経験 b）芸術品収集の経験	彫刻作成するためにショッピングモールに出店	小売業の経験

（注）　MITの研究者が発明した3次元プリンティングプロセスという技術が一般に公開され，同技術のライセンシングを受けて8つのベンチャービジネスが生まれた。Shane（2000）の研究は8つのビジネス機会発見において事前知識（prior knowledge）がどのような影響を与えたかをケース・スタディしたものである。本図表は，事前知識が市場の発見やビジネスの仕方に大きな影響を与えていることを示している。
（出所）　Shane（2000）をベースに筆者が作成した。

によると，企業家は最初に機会のヒントみたいなものに直感で気づく。しかし，その時点では機会は発見されていない。その後，試行錯誤で学習が行われ徐々に機会を見出していくことが示されている。この発見は，先ほどのShane（2000）とは必ずしも矛盾しない。Ravasi and Turati（2005）は，最初に兆候に気づくのは，Shane（2000）のいう事前知識が関係していると指摘している。また，取り組んでいる課題に対して十分な事前知識をもっていない場合は，企業家は機会発見のための学習を主導できなくなることも指摘している。

　しかし，最初にある情報に接したときに機会を発見してしまう状況と，最初はヒントを得るだけで，その後の試行錯誤による学習が機会発見に必要な状況とでは，マネジメントという視点では大きな違いがある。このマネジメントの違いを理解するのに有効な二分法が近年現れた。それは，Alvarez and Barney（2007）が提唱している発見理論（discovery theory）と創造理論（creation theory）である（図表2-4）。

　発見理論は，機会は最初から存在し，情報に接した時点で機会を発見するというものである。今までの機会発見の研究のほとんどが想定していたものだ。一方，創造理論は，機会は最初に存在するものでなく，試行錯誤を重ねてつくりだすものだ，としている。これらの2つの理論について適合するマネジメントが大きく異なってくる。具体的には，発見理論においては，最初に機会を発見し，そして詳細なビジネスプランを作成するという行動をとる。一方，創造理論のもとでは，試行錯誤によって機会が見出されるため，詳細なプランは意味がなく，失敗に導く可能性が十分ある（Alvarez and Barney, 2007），ということをこのモデルは示しているのである。

　Alvarez and Barney（2007）の機会の種類とマネジメントの関係の示唆は，非連続イノベーションのマネジメントを対象としている本研究の方向性に大きな影響を与える。機会の発見のプロセスとして，最初に情報に接したときに機会を発見してしまう場合と，それとも，少しのヒントを得て，長い期間試行錯誤の学習を通して機会発見に至る場合と，それぞれ状況ごとにマネジメントは異ならなければならないという示唆は重要であると考える。

図表 2-4　企業家活動に関する 2 つの理論：発見理論と創造理論

	発見理論 (discovery theory)	創造理論 (creation theory)
考え方	機会は最初から存在しており，特定の人材がそれを発見する。	機会は最初は存在していない。機会はつくりだしていくものである。機会はつくりだした最後のときに現れる。
マネジメント	最初に機会を発見し，詳細な企画を作成して実行する。	試行錯誤しながら機会をつくりだしていく。最初に詳細な計画を作成すると失敗する。
ファイナンス	銀行やベンチャーキャピタルが適している。	自己資金や友人，家族からの融資が適している。
研究者	Shane（2000）他，ほとんどの研究者。	Alvarez and Barney（2007），Ravasi and Turati（2005）。

（出所）Alvarez and Barney（2007）をベースに筆者が作成した。

（2）機会に関する定義の整理

① 使用する言葉の整理

　先行研究のレビュー結果が示しているように，学術研究における機会発見についての見方が変わってきている。Ravasi and Turati（2005）が指摘するように，これまで機会に関しては認知（recognize）して，それを活用する，または事業化する（explore）という視点で研究されてきた。しかし，前述したように近年の研究では，学習という要素が認知と事業化の間にあることが指摘された。さらに，Alvarez and Barney（2007）の研究のように，機会について発見（discovery）と創造（creation）という区別が明確に出てきた。すなわち，学習を伴わない場合が発見で，学習が伴う場合が創造である。また，両方を包含する表現として機会形成（opportunity identification）[11] がある（図表2-5）。本書では，本項以降この定義を使用することにする。

② 非連続イノベーションの機会形成

　非連続イノベーションのいくつかの先行研究では，現場マネジャーが技術者のアイデアと外部の市場情報を結びつけて，事業機会を認識するとしている（Burgelman and Dayles, 1986 ; Leifer et al., 2000 ; etc.）。一方，非連続イノベーションと考えられる使い捨ておむつの事例研究では，アイデアが生まれた

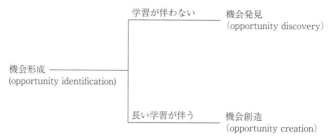

図表2-5　機会形成の分類

（出所）Alvarez and Barney（2007）をベースに筆者が作成。

あと，それを製品として実現するための技術を生み出すこと自体が非常に難し
かったという指摘がある（Kats, 2003）。また，非連続イノベーションの製品
ができた後，市場に出して見なければ実際に売れるかどうかわからない，こと
も観察されている（Lynn et al., 1996）。

　すなわち，非連続イノベーションの場合，機会が存在するかどうかは，アイ
デアを実行してみなければわからない可能性がある。このため，本研究を行う
にあたって，非連続イノベーションの場合は，アイデアが生まれたのち，実際
に製造され，かつ，市場に受け入れられたときに事業機会が形成されるとする
のが妥当だと考えた。

（3）企業家活動に関する研究成果からみた非連続イノベーションの実証データ

　先行研究により企業家の事前知識（教育，経験）や学習能力のタイプが機会
形成に重要な影響を与えることがわかった。また，機会形成プロセスには長い
試行錯誤による学習が必要なものと必要でない場合では，それぞれマネジメン
トの方法が大きく異なることもわかった。本項では，これらの先行研究の知見
を前述の非連続イノベーションの実証データに適用してみる。

①　機会形成と企業家の事前知識（教育と経験）と学習能力

　先行研究における非連続イノベーションの機会形成の実証データでは，機会
を形成した人材の事前知識（教育，経験）や学習能力のタイプについてはほと
んど記述がされていない。そのため，どの程度これらの知識に関する能力が機

会形成に効果があったのかどうかは不明である。

例えば，レンセラー工科大学の研究（Leifer et al., 2000；Rice et al., 2001；O'Connor and Rice, 2001）では，技術者が技術的興味でアイデアを生み出すが，市場の知識が十分でない等の理由で技術のアイデアを市場に結びつけることができず，代わりに，現場マネジャーが技術者の出した技術アイデアと市場を結びつけ機会を形成していることを示している。この現場マネジャーのことを機会認識者（opportunity recognizer）と呼んでいる。機会を形成した人物の教育や職務経験，学習能力のタイプなどは調べられていない。他の非連続イノベーションに関する先行研究においても，事前知識や学習能力についての実証データを集めているものは見当たらない（Foster, 1986；Tushman and O'Reilly, 1996；Christensen and Raynor, 2003；O'Connor and McDermott, 2004；Phillips et al., 2006；etc.）。

その結果，非連続イノベーションでは，機会を形成した人の教育や職務経験，学習能力が機会形成にどのように関連しているのかはわかっていない。

② 機会形成プロセスにおける試行錯誤による学習

非連続イノベーションにおける機会形成が，長い試行錯誤による学習が必要なプロセスなのか，情報に接したらすぐに機会が発見されるプロセスなのか，判断する十分な実証データはない。

例えば，先ほどのレンセラー工科大学の研究が見出した機会形成の状況においては，現場マネジャーが技術者の出した技術アイデアと自分の保有している市場情報によって機会を認識している。また，Christensen and Raynor（2003）が提案している制度は，本社に担当役員を置いて，チームをつくり，そのチームが全社の営業，エンジニア，などの現業スタッフからアイデアを収集し，取捨選択した後に事業計画書を作成するというものである。これらの先行研究が示す非連続イノベーションの事業機会形成プロセスの中には，試行錯誤によって事業機会を創造する学習期間が入っていない。

一方，3 M 社のマスキングテープにおける機会形成のプロセスは，1 人の技術者が 2 年程度の期間の試行錯誤の後に機会が形成されたものである（野中・清沢，1987）。マスキングテープの場合は，3 M 社の技術者が，自動車の塗装

時のマスキングに問題を抱えているのを知り，みずからテープのアイデアを思いつくが，テープについてまったくの素人であった。そこから自ら多くの失敗を重ね試行錯誤して消費者のニーズに合ったものをつくりだすのである。機会は創造されているといえる。また，非連続イノベーションのマーケティングに関しては，Lynn et al.（1996）が試行錯誤による学習が有効であることを指摘している。

　このように，非連続イノベーションの機会形成プロセスのマネジメントに関して，試行錯誤による学習の期間を与える必要性を示唆する事例があるが，先行研究の多くは試行錯誤学習を考慮に入れていないモデルを提案している。

　機会形成に関する企業家活動の研究の近年の成果は，非連続イノベーションにおける社内企業家の機会形成を理解する上で重要な切り口を与えてくれる。非連続イノベーションの先行研究では，これらの切り口からの情報収集は行われていない。本研究において探索するときに重要な手がかりとする。

2.4　残された課題

　非連続イノベーション，戦略，そして機会形成に関する企業家活動の3つの分野の先行研究をレビューした結果，下記のことがわかった。

① 　先行研究において，非連続イノベーションの戦略策定プロセスは意図的プロセス対創発的プロセスの視点で検討されてきた。現時点では，非連続イノベーションには創発的プロセスが有力である。非連続イノベーションに効果的な戦略策定プロセスが意図的か創発的かの判断において機会形成は非常に重要な要素である。しかし，非連続イノベーションの機会形成に関して十分な知見が得られていない。先行研究による実証データは参考にはなるが，それぞれ異なる視点や異なる開発期間を対象に部分的に情報収集されているため，機会形成がどのようなプロセスで行われているのか全体像が把握できず，十分な理解をすることができていないのである。その結果，現状では非連続イノベーションにはどのような戦略策定プロセスが

適しているのか満足な検討ができない。そのため，戦略策定プロセスを検討するために，機会形成がどのように行われているのかを把握することが取り組むべき重要な課題となっている。

② 先行研究では，既存企業における非連続イノベーションの機会形成は組織内の企業家活動によって行われることが指摘されている。しかし，非連続イノベーションの社内企業家活動の実態そのものが十分に把握されていないため，それを担う社内企業家がどのような人材で，そしてどのような行動をし，機会を形成しているかについて，十分な理解が得られていない。

　近年，機会形成に関する企業家活動の分野の研究が活発になり，有用な知見が現れてきた。例えば，企業家の性格の影響はほとんど見出せないことがわかってきた。その一方で企業家の事前知識（教育，職務経験）や学習能力のタイプなどが機会形成に大きく影響することが実証データによって示された。また，機会形成にはある程度の期間の試行錯誤による学習が必要な場合と必要でない場合について，それぞれの適切なマネジメントが異なることが明らかになってきた。

　これまでの先行研究によると，上述の企業家分野の研究が示す企業家活動に影響を与える要素に関して，非連続イノベーションで行われている社内企業家活動について実証データはほとんど収集されていない。そのため，これらの要素についての実証データを集めることは，非連続イノベーションにおける社内企業家活動による機会形成プロセスの理解を深めるとともに，戦略策定のあり方を検討するための重要な情報を与えてくれると考えられる。

③ 機会形成のあり方が戦略策定プロセスに与える影響は大きいことがわかっているが，非連続イノベーションにおいて機会形成と戦略策定の具体的な関係は明確になっていない。例えば，機会が形成されれば自動的に戦略は策定されるのか，それとも他にどのようなことを検討すべきなのか，といったこともわかっていない。機会形成と戦略策定の関係を明確にすることは，実際に戦略策定するときに有用な知見になると考えられる。

注

1　他の例としては Mintzberg et al.（1998）は戦略研究には 10 の学派を紹介している。また，青島・加藤（2003）は「利益の源泉（外，内）」と「注目する点（要因，プロセス）」の 2 つの軸で戦略研究を 4 つに分類している。

2　Whittington（2001）をベースに筆者が記述。

3　この論争についてはいろいろな呼び方がある。Tidd et al.（2005）は合理主義者的アプローチ（rationalist approach）対漸進主義者的アプローチ（incrementalist approach）と呼んでいる。Christensen and Raynor（2003）は意図的（deliberate）プロセス対創発的（emergent）プロセス，Grant（2003）は合理的デザインスクール（rational design school）対創発的プロセススクール（emergent process school）としている。本書では意図的プロセス対創発的プロセスを採用している。

4　デマンドプルとする先行研究もあるが，ここではマーケットプルに統一した。

5　According to Chandler（1962, p.13），strategy is the determination of the basic, long-term goals and objectives of an enterprise, and the adoption of courses of action and the allocation of resources necessary for those goals.

6　初期は VRIN モデルといわれていた。それは，価値ある資源（valuable resources），稀少な資源（rare resources），模倣困難な資源（imperfectly imitable resources），代替不可能な資源（non-substitutable resources）を代表している。

7　Dynamic capability is defined as "the firm's ability to integrate, build, and reconfigure internal and external competences to address rapidly changing environments"（Teece et al., 1997）.

8　オーストリア理論では，「情報」を使っていたが，Shane は「情報」の代わりに「知識」を使用している。本研究でも「知識」を使用することにする。

9　Corbett（2007）は，被験者に同じ情報を与え，それをベースに機会のアイデアをいくつ挙げられるか，そしてそれが計測した学習能力とどのような関係があるか，という実験を行った。

10　Shane（2000）は，機会発見の時間的経過のプロセスの記述はしていない。あくまでも保有していた知識と発見した市場の関係等について焦点を当て記述している。

11　Alvarez and Barney（2007）は opportunity formation を使用しているが，ここでは opportunity identification を使う。

第3章

研究方法

3.1 研究のアプローチ

(1) 複数ケース・スタディ手法の採用

　本研究は，基本的には，ほとんど知られていない実態を把握しようとする探索研究である。Yin（1994）や Eisenhardt（1989）によるとケース・スタディ手法は他の手法と比較して探索による理論形成に適しており，本研究では同手法を使用する。

　ちなみに，ケース・スタディ手法は，探索のほか，現象の記述などの各種の目的に使われている（図表3-1）。

　本研究の目的は，ほとんど知られていない非連続イノベーションの事業機会

図表3-1　ケース・スタディの種類と目的

種　類	目　的
探索ケース・スタディ（exploratory）	問題や理論の提案，または期待される研究手法の可能性の判断
記述ケース・スタディ（descriptive）	ある現象の完全な記述の提供
説明ケース・スタディ（explanatory）	なぜその事象が起こったのか原因と結果の関係に関するデータの提供
理論検証ケース・スタディ（test theory）	既存理論の検証

（出所）　Yin（1994）と Eisenhardt（1989）をベースに筆者が作成した。

形成プロセスの探索であると同時に，それに基づく非連続イノベーションの戦略策定プロセスの理論の構築である。

　ケース・スタディ手法の実施においては，下記に示すLynn et al.（1996）の非連続イノベーションのケース・スタディの考え方をベースにした。

① 　非連続イノベーションの不確実性は非常に高い。そのため，正しいマネジメントでも成功率が低く，間違えたマネジメントで成功する確率はほとんどない。

② 　複数の非連続イノベーションの成功プロジェクトの違いを最大にし，個々の特異性をコントロールする。大きな違いにもかかわらずプロジェクト間に共通のマネジメント行為があれば，その共通行為と成功の間に何らかの関係が存在する。

　この考え方は非連続イノベーションのケース・スタディの多くが取り入れている（Seidel, 2007；Veryzer, 1998；etc.）。よって，本研究では複数の成功した非連続イノベーションを対象にケース・スタディを実施し，そのケース間の共通点を見出して分析を行うというのが基本的な研究の進め方である。

(2) 探索による理論形成を目的とした複数ケース・スタディの実施方法

　Eisenhardt（1989）とYin（1994）をベースに探索による理論形成を目的とした複数ケース・スタディの進め方を以下にまとめた。次のステップで研究を実施する。

Step 1：データ収集・分析の方向づけ及び研究の問い

　研究の目的に関する先行研究において，今までわかったこと及び現在でも理解が不十分で残されている課題を明確にする。

　ケース・スタディ手法ではデータ収集が無秩序に行われてしまう可能性があり，研究の問いが必要である（Eisenhardt, 1989）。このとき，探索の目的，方向づけや分析の対象[1]，を明確にする。そして探索が成功と判断される基準が必要である（Yin, 1994）。

探索ケース・スタディのデータ収集の論拠と方向づけの例
「コロンブスの新世界への探索」

　コロンブスが探索をする際，イザベラ女王に3隻の船を要請するには理由がなければならなかった。なぜ1隻ではないのか。なぜ西に向かうのか。インドに到達した際にそれと認識する基準は何か。彼の探索は論拠と方向づけから始まった。探索ケース・スタディにおいても，これと同じ程度の論拠と方向づけが基礎となるべきである（Yin, 1994, 邦訳 p.31 をベースに筆者が作成）。

　これらによって情報収集・分析の対象を絞ることができる。以上を踏まえて研究の問いを設定する。

Step 2：サンプルの選択

　理論をつくりだすケース・スタディのサンプル選択の方法は，いわゆる大型の仮説検証研究において行われる，ある特定の母集団を代表するというものとは，まったく異なるものである。このことは頻繁に間違えられるものである（Eisenhardt and Graebner, 2007）。

　理論提案のためのサンプルは，それらが要因と結果の関係を明らかにしたり，その適用範囲を拡張するために選択されるものである。ケース・スタディのサンプル選択は実験室での実験のものと同じである。例えば，実験のサンプルは，ある特定の人口のなかからランダムサンプリングをして決めるものではない。むしろ，理論を深めるための可能性があるものが選択される（Eisenhardt and Graebner, 2007）。具体的には，異常な現象を発見する，他の説明要因を削減する，現れてきつつある理論を緻密につくり上げる，といった具合である。

ケース・スタディのサンプリング例
（Eisenhardt, 1989）

　理論をつくるためのケースの選択の具体的な例としては，倒産していく会社に関するモデルを作成するためのケースの選択がある。この研究の場合，組織の種類別

にケースを選択している。企業の種類（民間，公的）と独立性の種類（子会社，独立会社）により，①民間・子会社，②民間・独立会社，③公的・子会社，④公的・独立会社の４つのカテゴリーをつくり，それぞれ２つ選び，計８つ選択している。これはランダムサンプリングではない。特別なケースを選択して，理論を多くの種類のカテゴリーに範囲を広げようとするものである。さらに，それぞれのカテゴリーで複数のケース・スタディを行うことはそれぞれのカテゴリーのなかで，同じ発見を繰り返そうとするものである。

複数ケース・スタディというのは，現れつつある発見が，ある特定のケースのものなのか，複数のケースで繰り返されるものなのか，比較を可能にするという意味で，非常に研究手法としてはパワーがある（Eisenhardt, 1991）。

Step 3：データ収集の実施

研究の問いをベースにデータ収集を行う。データの収集に関しては，信頼性を上げるために Triangulation[2] という考えを取り入れる。Triangulation とは複数のデータ収集戦略を通してチェック・アンド・バランスをつくりこむことである（Patton, 1987）。次の４つの種類がある。

① 理論 triangulation：同じデータ群に関する複数の視点。
② 方法 triangulation：インタビュー，観察，文書，など１つの問題に対して複数の方法を使用する（図表3-2）。
③ データ triangulation：多様な情報ソースの使用。例えば，異なる地位や異なる見方をもった人へのインタビューである。
④ 研究者 triangulation：異なる評価者や社会科学者の使用である。ただし，Triangulation は理想的なものであって，実際はコスト，時間等によってある程度制限される。

Step 4：データ分析

ケース間の共通のパターンを発見する。基本的に人は情報分析が上手ではないということを前提に，多様な視点で分析をするように工夫を行う。例えば，先行研究などから分析の視点を見出す。また，２つのケースを抽出して，相違

図表 3-2　主な情報入手方法：強みと弱み

証拠源	強　み	弱　み
文　　書	・安定的：繰り返しレビュー可能 ・謙虚：ケース・スタディの結果として作成されたものではない ・正確：名称，参考文献，事象の詳細が正確 ・広範囲：長時間，多くの事象，多くの状況	・検索ができない可能性 ・収集が不完全な場合のバイアス ・著者によるバイアス ・アクセスが意図的に阻止される可能性
面　　接 （インタビュー）	・対象の絞り込み：ケース・スタディのトピックに直接焦点 ・洞察に富む：認知上の因果推論を提供	・質問の構成がよくないために生じるバイアス ・よく思い出せないために生じる不正確さ ・再帰性：面接者が聞きたいことを被面接者が答える ・回答者による反応のバイアス
直接観察	・現実性：実際の観察で事象を扱う ・文脈に関連：事象の文脈を扱う	・時間がかかる ・選択性：広くカバーできない ・再帰性：観察されることによって，事象が様々に進行する可能性 ・コスト：人間である観察者が必要とする時間
参与観察	・[上記の直接観察と同じ] ・対人行動とその動機への洞察に富む	・[上記の直接観察と同じ] ・研究者が事象を操作するために生じるバイアス
インターネット	・素早く，大量の情報が入手できる	・情報源が不確かなことが多い ・正確性が問題なときがある

（出所）　Yin（1994）をベースに筆者が作成した。

点を見つけ出すことなどが有効な手段と考えられている。このような工夫の目的は，研究者がデータから最初に受ける印象以上の考察ができるようになることである。これらの工夫によって，データに潜んでいる新しい発見や，より優れた理論が生まれる確率を増やすことができる。

Step 5：理論の提案

　ケースのクロス分析などを通して，変数間の関係を見出す。現れてきた仮説とデータを繰り返し比較してデータにフィットする理論に収束させる。
　1つ目の仮説を生み出す際に重要なステップが構成要素を磨き上げることで

ある。そして，各ケースで構成要素を裏付ける証拠を積み上げる。これらを繰り返し行うことによって，うまく定義された計測可能な構成要素を見出すことができる。

2つ目のステップは構成要素間の現れてきた関係を，各ケースにおける証拠と一致するかを確認することだ。構成要素間の関係が存在する理論的な理由を見出すことは非常に重要である。これは，発見したものについての内的妥当性を確立させる。

Step 6：先行研究との比較

生まれた理論などを既存の文献と比較する。同じところはどこで，異なるところはどこか。またそれはなぜか，という質問を行う。生まれた仮説や理論と既存の論文との違いをチェックすることは2つの重要な意味がある。1つは，新理論の内的妥当性が向上することである。もう1つは，既存の研究成果と異なることは，ある意味，新しい考えが生まれる機会を与えてくれることである。コンフリクトを解決することによって，新たにレベルの高い理論が生まれる可能性がある。これは，異なる現象における同じ傾向を見つけた場合も，内的妥当性の強化，より広範な一般化，高いレベルのコンセプトにしばしばつながる。

3.2 研究の実施

上述の複数ケース・スタディの実施方法に従って，次のように研究を進めた。このセクションでは，ケーススタディの準備を行うStep 1〜3について記述する。残りの，Step 4〜6は，それぞれ第4章〜第6章で記述する。

Step 1：データ収集・分析の方向づけと研究の問い

前章で行った先行研究のレビューによる課題の抽出と本研究の目的をベースにして，取り組む対象や範囲，そしてデータ収集・分析の方向を設定した。その上で，研究の問いを決定した。以下，その内容を記述する。

① データ収集・分析の方向づけ

先行研究では非連続イノベーションの戦略策定プロセスの検討は，意図的プロセス対創発的プロセスの視点で行われており，現在は創発的プロセスが適しているとされている。しかし，今までの研究では，意図的プロセスか創発的プロセスかどちらが適しているのか戦略策定プロセスを判断するために必要な非連続イノベーションの機会形成の状況が十分理解されていない。非連続イノベーションの機会形成は社内企業家によって行われるという指摘があるが，その実態はほとんど把握されていない。

よって，本研究は意図的プロセス対創発的プロセスの視点で，効果的な戦略策定プロセスを検討するために，戦略策定に重要な影響を与える機会形成プロセスの実情を探索するものである。

このため，取り組む対象は「機会形成プロセス」に絞っている。そしてその範囲を「個人または組織が機会形成のための活動を始めてから機会が形成されるまで」とする。

また，機会形成プロセスを探索するときに，探索する方向として「機会形成に関する企業家活動」の先行研究成果を参考にした。同先行研究では，企業家の事前知識（教育，経験），学習能力のタイプ，学習プロセスの存在が，企業家による機会形成に大きな影響を与えることが示されており，本研究ではこれらの視点から，非連続イノベーションの機会形成の実態を探索することにした。

② 研究の問い

以上を踏まえて，研究の問いを次のように設定した。

ⓐ 非連続イノベーションの機会形成はどのように行われたのか？ 現場主導か，組織主導か？ 方法は学習主体か，分析主体か？

ⓑ 機会形成において社内企業家活動は行われたのか？ また，その活動を誰が担ったのか？ その人材の事前知識（教育，経験）や学習能力のタイプはどのようなものだったのか？ 学習プロセスはどのようなものだったのか？ 組織はどのようにして企業家活動に関与したのか？

ⓒ 機会形成と戦略策定プロセスとはどのようにリンクしているのか？ ま

た，非連続イノベーションの効果的な戦略策定プロセスとはどのようなものか？

③ **探索が成功と判断される基準**

次の3つができたときに，この探索研究が成功だったと判断する。

ⓐ 非連続イノベーションの社内企業家による機会形成プロセスの実態を把握できたとき。

ⓑ 社内企業家による機会形成に組織がどのように関わっていたのかを把握できたとき。

ⓒ 「非連続イノベーションにおける戦略策定プロセス」に関する理論を提案することができたとき。

Step 2：サンプルの選択

通常，複数ケース・スタディのサンプル数は4から10ケースが適切といわれており（Eisenhardt, 1989），本研究では成功した6つの非連続イノベーションを対象とした（図表3-3）。サンプルの選択は次のように行った。

① サンプル選択時の非連続イノベーションの定義はGarcia and Calantone (2002) のものを適用した。それは「技術のS字カーブまたは市場のS字カーブを新たに生み出すイノベーション（技術または市場の非連続性を生み出すイノベーション）」である。技術のS字カーブは前述した（図表1-1）。市場のS字カーブはその市場版である。この定義を一般的な表現で記述すると，「まったく新しい市場を生み出すか，既存の市場であっても技術革新によりその市場を一変してしまうようなイノベーション」ということになる。

② 開発プロセスに関して信頼できる論文や文献があるものを選択した。

③ 関係者に直接インタビューを行えるものを選択した（インタビューは2003年12月～2008年11月に実施した。インタビューリストは巻末付録を参照のこと）。

④ 違いを最大限にするようにサンプルを選択した。製品の種類を同一のものがないようにした。また，3つの非連続タイプ（市場が非連続，技術が

図表 3-3 サンプル

製 品	非連続のタイプ	内 容	企業名	発売年
レンズ付き フィルム	市場が非連続	商品名「写ルンです」。最初の使い捨て可能なカメラで, リサイクルも行われている。	富士写真フイルム	1986
健康油	市場が非連続	商品名「エコナクッキングオイル」。最初に健康油という市場を生み出した。	花王	1999
クォーツ腕時計	技術が非連続	最初のクォーツ腕時計を開発した。現在, 世界の腕時計の 96% がクォーツである。	セイコー	1969
リチウムイオン 二次電池	技術が非連続	最初に開発し, 基本特許を取得。現在の携帯電話やポータブルコンピュータのほとんどすべてに使用されている。	旭化成	1992*
高強度 PAN 系 炭素繊維	技術及び市場が 非連続	初めて高強度の炭素繊維を事業化した。鉄よりも数倍強く, かつ軽くてフレキシブル。航空機だけではなく, 釣竿, テニスラケット等にも使用されている。	東レ	1972
暗号アルゴリズム	技術及び市場が 非連続	商品名「MISTY」。それまで暗号アルゴリズムは米国政府のバックアップでつくられていたものが世界標準として無償で使用されていた。その分野で, 飛躍的に技術を向上させ, 新しい事業を生み出した。	三菱電機	1996

(注) ＊旭化成は電池メーカーにライセンシングもしており, 他社が先に製品化している可能性もある。
(出所)レンズ付きフィルム：日本カメラ博物館。
　　　健康油：『日経バイオ年鑑2003』日経BP社。
　　　クォーツ腕時計：㈳日本時計協会『日本の時計産業概史』セイコー時計資料館。
　　　リチウムイオン二次電池：㈳発明協会『平成14年度全国発明表彰受賞者功績概要』。
　　　高強度PAN系炭素繊維：高松亨「PAN系炭素繊維の開発」『技術と文明』12 (1), 1-24。
　　　暗号アルゴリズム：㈳発明協会『平成16年度全国発明表彰受賞者功績概要』。

非連続, 技術及び市場が非連続) からそれぞれ2サンプルを選択した。

Step 3：データ収集の実施

データ収集の信頼度を向上させるため, 本研究では4つの Triangulation をできる限り実施している。

① 理論 triangulation

本研究は基本的には，非連続イノベーション，経営戦略，企業家による機会発見，の3つの研究領域からアプローチしているため，多様な理論のアプローチでデータ収集・分析を行っている。

② 方法 triangulation

通常のケース・スタディの情報収集方法としては5つ程度が考えられる。それは，文書，面接（インタビュー），直接観察，参与観察，インターネットがある。これらの情報源は，それぞれ完全なものはなく，長所と短所を兼ね備えており，より多くの情報入手法を使用したほうが，より説得力があり，正確性が増すとされている（Yin, 1994）。本研究では，文書，インタビュー，インターネットの3つを使用している。

データ収集のステップとしては，最初の段階でインターネットや文書で非連続イノベーションと考えられる候補を探し出した。次に，書籍を含む文書や，博物館などの訪問によって得た資料記録などをベースにサンプルを絞り込んだ。サンプル決定後に，インタビューを実施した。また，インタビュー時に入手した資料も使用した。

③ データ triangulation

本研究では，立場の異なる開発関係者（R&D 技術者，管理者，生産技術者，他）にインタビューを実施した。インタビュー調査は，各社の広報室にコンタクトを取り，趣旨を説明した上で行った。インタビューリストについては巻末の付録を参照のこと。また，必要な場合はインタビュー後も継続して質問を行った。

④ 研究者 triangulation

基本的に単独で本研究を行っているため，データ収集は1人で行っている。しかし，データ分析においては，指導教官をはじめ同僚らの意見を幅広く聞き，個人のバイアスを是正している。

注

1　例として『超マシン誕生』というピューリッツァー賞受賞作品で，優れたケース・

スタディとして知られる同書の問題点を挙げている。それは，分析の対象がテクノロジーのトピックか，小集団のダイナミクスのトピックなのか，明確ではないことである。もし，学術的に一般化すべきか理解しようとするならば分析対象の明確化は決定的に重要であると指摘している（Yin, 1994, p.34）。本研究もテクノロジーのトピックではなく，あくまでも事業機会の発見プロセスや戦略策定がトピックである。

2　Triangulation とは 3 つという意味ではない。三角は幾何学的な形のなかで最も強いという意味で使われている（Patton, 1987, p.60）。

第 4 章

各機会形成プロセスの記述

　本章では，6つの非連続イノベーションにおいて機会がどのように形成されたのかを記述する。

　複数ケース・スタディの記述の仕方は，主要なものは3通りある (Yin, 2003)。それは，「各ケースの叙述＋クロス分析」「各ケース質問—解答 (question-and-answer) フォーマットによる記述＋全体分析」，及び「クロス分析のみ」である。

　本書で適用するのは最初の「各ケースの叙述＋クロス分析」である。その理由は，本研究では機会形成プロセスの探索が最重要の課題であり，そのためには時系列にどのように関連する事実が起こったかを確認しなければならないからである。この目的に適しているのが「各ケースの叙述＋クロス分析」である。

　本章では，各ケースの叙述を行い，次の第5章ではクロス分析を行う。

　各ケースの叙述は，第3章 3.2 Step 1 で示した下記の「研究の問い」に関連する事実を時系列に記述することにする。

(1) 研究の問い

① 非連続イノベーションの機会形成はどのように行われたのか？　現場主導か，組織主導か？　方法は学習主体か，分析主体か？

② 機会形成において社内企業家活動は行われたのか？　また，その活動を

誰が担ったのか？　その人材の事前知識（教育，経験）や学習能力のタイプはどのようなものだったのか？　学習プロセスはどのようなものだったのか？　組織はどのようにして企業家活動に関与したのか？

③　機会形成と戦略策定プロセスとはどのようにリンクしているのか？　また，非連続イノベーションの効果的な戦略策定プロセスとはどのようなものか？

(2) 記述方法

　記述の証拠としての価値はディテールにある（伊丹，2001, p.176）。この面について，良い記述例としては，ケース・スタディの成功例（Yin, 1994）として挙げられる『決定の本質』（Allison, 1971）を参考にしている。場所，時間，状況など，具体的に詳細に書かれており，証拠としての価値を上げていることがわかる。今回の記述でも上記の問いに関するものについてはなるべく詳細に記述した。

　さらに，上記の研究の問いに直接関係する情報だけでなく，例えば製品の概要や開発後の状況など，研究の問いに関連する情報の証拠としての価値を上げるものは適度に記述した。また，各企業の当時の経営者の意向については入手できる情報の量に大きなバラツキがあるが，あえて一番少ないところに合わせて標準化することをせず，研究の問いに役立つものは記述した。

4.1　レンズ付きフィルム

(1) 製品の概要

　レンズ付きフィルムは1986年7月1日に日本で発売された（富士写真フイルム，2004）。フィルムを主体としたカメラで世界で初めての商品である[1]。開発したのは富士写真フイルム株式会社（現・富士フイルム）である。2002年末に10億本達成した（富士写真フイルム，2002）。発売してから約16年であり，年間平均6250万本販売したことになる。現在でも，年7000万本が売れている（毎日新聞，2008年5月11日「理系白書」）。このロングセラー商品の事

業機会はどのようにして見出されたのか。以下，時系列に追ってみた。

(2) 機会形成プロセス

　1980年代は富士写真フイルムにとっては前途多難を思わせる年代であった。1980年には，前年の第2次石油ショックの影響により銀価格が6倍に高騰し，写真フィルムに銀が欠かせない同社にとって危機的な状況であった（橋村，2002）。さらに，1981年には，ソニーが写真フィルムを必要としない電子カメラ「マビカ」を開発した。デジタルカメラの元祖ともいえるものであり，写真フィルムメーカーを震撼させるニュースであった。

　1980年に社長に就任した大西實は次のように述べている（富士フイルム，2008）。「私どもが直面している1980年代については"不確実性の時代"あるいは"乱気流の時代"という言葉が使われていますが，まさにそのとおりで，現在の世界の政治・経済あるいは社会一般の動向は，過去からの連続では想定できない，あるいは予想しえないような不透明かつ不安定な状況の中にあり，今後もこのような状態が続いてくものと考えられます」と時代認識を示している。

　このような状況に対応するため，大西は会社が取り組む8つの課題を挙げた。①世界的視野に立った国際市場戦略の展開，②写真需要の拡大，③新規事業分野への進出のための企画と開発の推進，④複合商品，複合システムの開発，⑤節銀・省銀製品とシステムの開発，⑥全社的な業務効率化の推進，⑦マーケティング組織の強化と効率化，⑧企業体質の転換，であった。そして，これら8つの課題の根幹として，①活力と創造力の活用，②技術革新の推進，③クリエイティブなマーケティングの展開，の3つを示し，全社に浸透させた（富士フイルム，2008）。

　1984年は富士写真フイルムの創立50周年にあたり，この年を第2の創業と位置づけて「新しい市場を創造していこう。新製品をタイムリーに市場に提案していこう」ということを全社的な行動指針として掲げていた（持田，1989）。この一環として，本社営業技術部に商品開発を専門とする部署を設けた。同部署に全社から集めた商品プランナーは10人弱いた。そこで当該技術

者はカラー関係全般を担当する。

　当該技術者は千葉大学工学部の写真工学科卒業後，富士写真フイルムに入社した。そして，神奈川県の足柄工場の品質管理を扱う検査課に配属となり，カラー印画紙の品質管理を始める。検査課では，自社製品だけでなく，コダックやアグファなど他社のカラー印画紙の評価も行った。7年間務めたのち，営業を自ら志願した。米国とヨーロッパの2つの選択肢が与えられ，ヨーロッパを選んだ。ドイツでの海外勤務となった。当該技術者が品質管理をやっていたカラー印画紙を売るのが仕事である。英国やスカンジナビア諸国を含めヨーロッパ各国を飛び回った。外国人顧客に対して品質管理の技術指導を行うことで信頼を徐々に勝ち取り，実績を積んでいった。帰国時にはすべてのカラー製品の技術関連の仕事に責任をもつ立場になっていた。ドイツに7年10カ月勤務することになる。海外勤務後，足柄工場の品質関係の仕事に課長として戻った。それから5年後の1984年，カラーフィルムのプランナーとして異動する。当該技術者はいわゆる写真フィルムの品質管理のプロであった。

　プランナーは5年後ぐらい先をみて，どのような商品をつくるのか，中期商品化計画を策定する。さらに，試作品をつくったり，ものづくりもする。プランナーは多くの権限があり，自ら商品アイデアを考案し，また，関連部署の協力を得ることができる。当該技術者は，持ち前の馬力でいろいろなテーマを考え，片っ端から研究所や現業と協力しながら実験していった。新しいカラーフィルムや印画紙の企画，布の上に本物の写真をつくる商品，一世代前のポストカード，傷の付かないカラープリント，など多くのものを試みて，失敗したテーマもあった。また，当該技術者は子供たちがTVゲームに熱中するのをみて，写真も子供たちが簡単に楽しめるようになる方法はないか，と考えていた。

　1985年5月に，販売を担当している部長が，110フィルム（ISO 100）が売れないので，110フィルムを使った「使い捨てカメラ」をつくらないか，といってきた。当該技術者は，最初は，カメラはメカ関係部門のプランナーの仕事だといって，断った。しかし，考え直して，「もしフィルムにメカを付けるという商品で良ければ，やりたい」と提案した。これが受け入れられた。

　どうしてこのような提案が即座にできたかというと，そこには伏線があった。当該技術者は，この話がある前に，フィルムにレンズを付けて，撮影できないか実験をしていた。フィルムは ISO 1600 である。ISO 1600 は感度が高く，フラッシュなしでも暗いところで写真が撮れる。フラッシュがなければコストがかからないので安いものがつくれる，と思っていたが，撮影結果は写真にならないほど画像がひどくて中止した，という経験をもっている。この試みが失敗に終わった時期に，販売部長から，110 フィルムを使った「使い捨てカメラ」の開発の話がきたのだ。当該技術者は「1600 で失敗したときに，ちょうど販売部長の N さんがきたからよかったんです。僕がまだ 1600 の実験をやっている最中だったら，多分受けつけなかったと思う」と述べている。タイミングも良かったようだ。

　その後は商品開発のためのメンバーを集めることになる。販売，デザイン，メカ，品質評価，生産分野から，課長クラスの優秀な7人を集めることができた。当該技術者は営業技術部にきてから，カラー製品の専門家として，商品開発の会議やプロジェクトに多く参加していたため，関連部門の人材との交流があり，誰が実力がありそうかも把握していた。このため優秀なメンバーを集めることができたのだ。

　プロジェクト発足後の初期のころに，みんなでコンセプトを作成した。それは「いつでも，どこでも，誰でも，簡単に」であった（持田，1989）。

　レンズ付きフィルムの商品開発にあたって，特別な技術開発は行っていない。既存技術の組み合わせや改良である。しかし，だからといって問題がないわけではなかった。直面した課題は，品質とスペックの確保である。

　品質の確保について，フィルムとカメラの違いから説明する。当時は，カメラの故障は，パーセントのレベルで，フィルムの故障は PPM のレベルで発生する。フィルムは源流管理方式で生産するから，使用する原材料がすべて良くなければならない。フィルムは1つの項目がだめだったら，廃棄するハメとなる。カメラはつくった後も調整がきく。例えば，シャッタースピードを直すことができる。カメラとフィルムでは品質に対する取り組みで大きなギャップがある。だから，レンズ付きフィルムというのは，フィルムの品質管理レベルを

保つことが必要となる。そこで，この商品を開発するときに，厳しい品質管理の基準をクリアできるように設計を行った。

　フィルムに関連する材料の品質保証のための試験は 1 年ぐらいかかるのが普通である。新しい紙を使おうと思えば，その紙から出てくるガスがフィルムにどの程度影響するのか，長期間の検査をしなければならない。そのため，「レンズ付きフィルム」ではすでに品質保証された材料だけを使った。これによって 1 年という短期間で販売することができた。例えば，レンズ付きフィルムを包んでいる袋はガゼット袋というが，これも写真フィルムに使われているものを使用した。このようにすれば品質保証のための試験はしなくてもすむのだ。

　落としても壊れないことにも十分検討した。カメラは落としたら壊れる。それでも許されるが，フィルムは違う。フィルムは投げたり落とされたりすることがよくある。そのショックに耐えなければならない。そのような試験をしてショックに強いものをつくった。

　またシャッタースピードやフィルムの ISO レベルについても，そのスペックを決めるために大いに実験や検討を行った。例えば，シャッタースピードが 60 分の 1 という遅いスピードが提案された。これは遅いほうが暗いところでも写りやすくなるからだ。しかし，子供や高齢者が使うことを考えると手ブレすることが考えられた。当該技術者は，自分の息子に写真を撮らせ，手ブレの出た写真をメンバーにみせることで，シャッタースピードが 100 分の 1 になったという経緯がある。

　レンズ付きフィルムを構成する技術で，タイムリーだったのは，新しい ISO 100 のフィルムの開発とプラスチックレンズの技術である。この技術はレンズ付きフィルム用に開発したものではないが，レンズ付きフィルムの商品開発に着手したころは，市場に出て間もなかった。

　このような検討を経て，最終的に決まった主な技術項目は次の通りである（持田他，1987）。

　① 撮影レンズ：F 11 f＝25.6 mm メニスカス（凹凸）プラスチックレンズ
　　　1 m から∞まで十分被写体深度が得られる。プラスチックの成型技術の進
　　　歩により多数個取りの金型で安定かつ超ローコストレンズの供給が可能と

なった。

②　ファインダー：ローコスト化のためにファインダーレンズを省略したが，等倍であることでファインダーを見やすくしている。

③　シャッター：手ブレ防止をするため，1/100 秒固定で単純な蹴飛ばしシャッターに徹した。

④　巻き上げメカ：110 フィルムは 1 画面 1 パーフォのシステムであり，巻き上げメカはフィルム給送中のパーフォ検知と連動するシャッターセット，巻き上げ停止の機能を最小の部品点数によってつくられた。

⑤　ボディ構造：フィルム小箱状。フィルムのカートリッジに使用されている材質が使用されている。この材質は通常のカメラ部品と違って軟質，低融点プラスチック材料であるので振動，衝撃に耐えることや温度サイクルテスト等各種の信頼性テストをパスするために試行錯誤を行い技術を確立した。

　最終的にはレンズ付きフィルムを 1 年で開発することになる。初期投資はプラスチック成型のための金型への投資が主なもので数百万円であった。あとは，すべて手作りだった。1 本 1380 円であった。まだ，どの程度売れるのかわからなかったから，生産設備にお金をかけなかったのだ。当該技術者によれば，売れると思った人のほうが少なかった，という状況であった。「こんな富士フイルムの名を汚すような商品をつくって，事故でも起したらどうするんだ」といった声もあった。これが，前例のない，初めての商品を開発するときに出てくる反対する声なのであろう。このようなプロセスを経て，1986 年 7 月 1 日に「写ルンです」は発売される。

　この最初の発売から多くのことを学んでいる。発売前にはどのようなパッケージにしたらよいかということについて議論があった。どのような消費者が買うかわからなかったのである。パッケージは 3 種類を試すことになった。1 つは花柄系（女性用），2 つ目はヘビーメタル系（若者用），3 つ目は大西社長が提案した「写真フィルムのパッケージ」である。営業は写真フィルムのパッケージは売れないと主張した。しかし，実際に売れたのは写真フィルムのパッケージで，他の 2 つを圧倒していた。これによって，初めてフィルムを前面に

押し出したレンズ付きフィルムの商品イメージが固まった。これが機会が生まれたときである。経営トップは即座に，1年後にさらに改善された写ルンです2代目を出すことを指示し，本格的な量産ラインの建設を行うことになる。

第1号は，110フィルムという特殊なフィルムで，でき上がる写真が小さく，かつISO 100であるため，天気が悪ければ写りは良くなかった。そのため，第2号は，普通の35mm写真フィルムを使用している[2]。引き伸ばしを含め，通常のカメラと同じような品質が楽しめるものになった。よって，第1号と第2号では大きく異なり，画期的な飛躍があった。

レンズ付きフィルムの場合は，ビジネスシステムといった意味では解決しなければならない問題が存続していた。フィルム現像後にカメラの本体がいらなくなり，それがDP店や現像所に蓄積してしまうのである。これに対する対策要望が全国から起きた。そのため，各自治体における処理方法に従うことを基本としながらも，全国から本体を回収してリサイクルする検討が開始された。その結果，富士写真フイルムは1990年に関連会社のもとにリサイクルセンターを建設した。これによって，レンズ付きフィルムのビジネスシステムは確立したと考えられる。

4.2　健康油

(1) 製品の概要

1999年2月，花王のエコナクッキングオイルは発売された。『日経バイオ年鑑2003』によると，「花王は食用油（家庭用）では後発企業であったが，エコナクッキングオイルは"体に脂肪が付きにくい"という付加価値が消費者の支持を広く集めた。従来の食用油よりも価格が高い『健康油』というカテゴリーを作り出し，食用油の業界地図を塗り替えるほどの大ヒット商品となった」とされている。実際，エコナクッキングオイルの単価は通常の食用油の4～5倍と言われている（安川，2002）。

エコナクッキングオイルの発売後，この新しい商品カテゴリーの健康油市場に多くの企業が追随して商品を投入してきた。以来，健康油市場は拡大の一途

をたどっている。味の素や日清が健康油の商品[3] を出してきているが，2007 年では健康油 500 億円市場のうち，エコナシリーズが 200 億円規模，日清オイリオ「ヘルシー」シリーズが 100 億円規模，味の素の「健康サララ」が 50 億円規模となっている（日経バイオテク，2007）。

(2) 機会形成プロセス

1975 年から 76 年にかけて，花王は丸田芳郎社長のもとに新しい経営理念を設定し，1976 年の組織改革を転機として，事業のいっそうの拡大へと動き始めていた（花王，1993）。

新しい経営方針は，会社がとかく目先の売り上げの増大に走り競争相手を過剰に意識しがちな現状を深く顧み，確固たる経営理念に立脚して設定した。四半期ごとの計画や業績の評価にとらわれずに実践に移し，日常業務の活動はもとより，それらの計画目標の数字や達成値も，基本方針と結びつけて検討することが要請された。その基本理念とは，「創造性の重視」「人間性の尊重」「消費者の優先」の 3 つである。そして方針として次の点が示された。

① すべての分野，レベルでの創造性の発揮。

② 研究及び企画・開発の推進。

③ 資源の価値の認識と省エネルギー対策の徹底。

④ これらの目的のための社員各自の平等と知恵（叡智）の結集，及び小集団活動の推進。

とりわけ，創造性は，さかのぼって長瀬富郎創製の「花王石鹸」以来の社風として強調され，トップをはじめ各部門，各レベルを問わず，平等な立場において，協力して取り組むことが求められた（花王，1993）。

1976 年に組織改革が行われ 5 本部体制になったが，丸田社長自ら研究開発本部長に就任しており，研究開発重視の体制に移行した。

研究開発重視の経営への移行について，丸田はのちに以下のように当時を回顧している。

「ともかく花王のような製造会社の研究開発は，いままでのやりかたでは駄目だと考えた。それを変えるには強権を発動してやらなければならな

い。当時研究者は象牙の塔に閉じこもっているような時代だった。だから，（会社の研究所も）一部屋一部屋で主任研究員，副主任というように大学の講座と同じかたちになっており，まして主任研究員のいうことには下の人は従わなくてはならない。それをまず壊さなくてはいけない。何といっても製造業でいちばん大切なのは技術です。研究開発を経営の活力にする。それを発展の足掛かりにしなくては，そう決意したわけです。

　だから，研究開発や技術開発というものを会社の主導的な柱としました。それまでは研究開発部門は専務とかがみていたわけですね。しかし，これに対しては，社長はじめエクゼクティブの全員が関心をもたなくてはいけない。わからなくてもいいから。それから研究所に大部屋制度を導入するなど，研究開発の昔からのシステムを壊して作り直すことにしたのです。確か昭和 52（1977）年からのことです」（花王，1993，p.632）。

丸田の経営は文鎮型経営といわれている（吉田，1993）。丸田は，1 人の有能なマネジャーがいれば，あとは全部平等に参加し，誰に妨げられることもなく創造性を発揮して仕事に取り組む体制を考えていた。現在，フラット型組織といわれているものである。

　このような研究・技術開発の重視は，具体的には経営の多角化の足場を固め，洗剤・シャンプーへの依存から脱却しようとする経営方針を如実に示したものであった。丸田は，洗剤関係でのトップメーカーの地位を固めていたとはいえ，シェアは限界で，新分野に進出しなければ，守勢一方の消極経営に陥ると判断していた。そして，花王の蓄積してきた経営資源としての研究陣，流通チャンネルを活かして多角化することが当面の方針とされていた（花王，1993）。

　その一環として，丸田は家庭食品市場への進出を考えていた。花王は業務用の油脂等を 1928 年よりつくっていたが，家庭用のものはつくっていなかった。方法としては同分野の製品を自ら開発して進出する方法をとった。そのための研究開発を始めた。花王が事業としてやっている油脂の延長線上で，油に関するものをやろうということになったのである。油に関しては技術の蓄積があった。1928 年より食用油脂の事業を開始した花王には，長年にわたる油脂研究

の歴史がある。油に関する家庭用食品の開発は当時の丸田社長の思い入れでも
あった。

1979 年，名古屋大学農学部大学院農学研究科修士課程で栄養化学を学び卒
業した学生を研究員として採用した。同研究員は油についての知識はなかった
が，油に関する家庭用食品の開発に取り組んだ。家庭用食品の開発は同研究員
が入社する 2〜3 年前から行われていた。同研究員は新規事業として家庭用食
品の事業を育てるための研究グループに配属されたのである。所属先は東京研
究所食品研究室であった（のちに鹿島へ異動した）。東京研究所には 6 つくら
い研究室があり，食品研究室はその 1 つであった。当時研究室には 4 人ぐらい
の研究員しかいなかった。同研究員は入社 2 年目に調理師学校にもいって研修
をしている。家庭用食品の開発は文字通り「何をやったらいいのか」から始
まった。

当該研究員は油の機能に着目した。油は機能をもつと値段が高くなる。パー
ム油は，50 円/kg であるが，機能油であるカカオ油は 1300 円/kg である。そ
れで調理における機能というものに取り組んだ。楽においしい料理ができる機
能をもった油をつくることになったのだ。いろいろやって，最初にできた商品
がいため油である。1989 年のことであり，家庭用食品の事業部がこのときに
できた。花王の家庭用食品開発元年と同研究員は言っている。同研究員が入社
して 10 年たっていた。

酵素を使ってパーム油からカカオ油脂ができたが，このプロセスで副産物と
してジアシルグリセロールが発生した。通常の油の成分トリアシルグリセロー
ル（triacylglycerol）の脂肪酸は 3 本だが，ジアシルグリセロールは 2 本になっ
ている（花王，2004）。同研究員らはこのジアシルグリセロールの機能を研究
していた。

大学時代に栄養化学を専攻していた同研究員は，食べたらどうなるだろうと
いう興味が湧いた。通常の油の成分トリアシルグリコールが消化される際，消
化の酵素が脂肪酸をはずしていく。脂肪酸が 2 本であるジアシルグリセロール
は，トリアシルグリセロールの消化の途中のものだと考えられるのである。そ
のため，ジアシルグリセロールは消化しやすいと考えた（安川，2002）。

　同研究員は研究所の同僚のなかで胃のもたれやすい人に，ジアシルグリセロールを使用した食パンを食べさせ実験をした。結果は予想通りで，胃もたれしなかった。これを受けて，1987 年ごろ，このジアシルグリセロールがどのような栄養特性があるのか，栃木の花王の研究所に検査を依頼したのである。

　この結果，1990 年に，ラットの実験で中性脂肪が少なくなることが判明した。当該研究者は，これはすごいと思った。おなかに優しいというより，太らない油のほうが市場にインパクトがある。しかし，これは本当かどうか確かめる必要がある。科学的な仕組みを解明する研究が始まった。安全性の確認のためにも必要だった。

　1995 年ぐらいまでに，科学的な仕組みがわかってきた。理由がわかってくると，その仕組みは「コロンブスの卵」的なもので太りにくい油がいけるかもしれないと思い始めた。このころから本格的な商品化が始まるのである。

　この効果を世の中に認めてもらうために，何らかの形で証明しなければならない。1991 年に厚生省（当時）の特定保健用食品制度（特保）ができていたので，これを活用することにした。そして，エコナの場合も，体脂肪を減らすという機能を証明するために，研究所の職員を対象に人体実験を行った。最初は，効果を明確にするために，欧米人並みに油をとる食事メニューで実験したが，特保の審査過程で平均的な日本人の食生活パターンで効果があるかどうか評価できないと通らないということで，突っ返された。それが 1997 年である。通常，特保の審査には 1 年かかった。このときにもう一度実験をやるか同研究員は迷ったが，再度実施することにした。背景としては，当時の花王の家庭用食品事業の売り上げはわずか年間 30 億円であり非常に小さかった。それまで，多くの家庭用食品の開発を試みたがうまくいっていなかった。結局は「太らない油」以外事業化の可能性のあるものはなかった。平均的な日本人の油の摂取量でどれだけ効果がでるかわからないが，とにかく窮地に立たされていたため，実験するしかなかった。その結果，実験が成功し，1998 年に特保を取得するのである。これによって，エコナは体脂肪をつきにくくする機能をもった製品として正式に認められたのである。

　同研究者はジアシルグリセロールを，体脂肪をつきにくくする食用油として

開発することはできたが，それを量産化するには問題があった。

　1つ目の問題は，家庭用食用油として，冬場に低温で濁ったり，固まることのないようにしなければならなかった。

　2つ目の問題は，いかに効率的に生産してコストを下げるか，ということである。

　これらの問題を解決したのは，生産プロセスの研究者たちであった。幸い同研究者がエコナを開発していた鹿島研究所内に同社生産技術研究所の研究室があり，ジアシルグリセロールも研究していた。

　花王では商品開発の原則のもと，商品を出す前に問題点を解決することを徹底しており，ものづくりにおいても同様であった。

　最初は，数名の生産プロセスの研究者で取り組み始めた。当該研究者のいる食品研究所とは居室をともにしており，情報交換の場が多くあり，お互いに研究の動向はよく知っていた。そのなかで，当該研究者のやっているテーマがユニークであることと，従来からコストが高いといわれていたジアシルグリセロールの製造に興味をもち，研究はスタートした。

　ジアシルグリセロール自体の研究は以前から行われていたため，研究設備は整っており，エコナ用に特別に研究施設をつくるようなことはしなくてすんだ。

　当時研究所においては，研究テーマは研究部門，事業部門などいろいろなところから発生し，所長，室長の裁量で人材やマンパワーが決まる。研究員は自らやりたい研究を明確にし，了承されればできる状況にあり，チャレンジに鷹揚な雰囲気が花王の研究所にはある。金額が大きいときは経営レベルに判断を仰ぐが，多くは所長の裁量の範囲内で研究員らは比較的自由にチャレンジすることができた。

　結果として，エコナに関する研究はほとんどが研究者の自由裁量内で行われた。多くの研究者が興味をもって参加してきた。1997年ごろは，当該研究員が手がけている家庭用食品の開発で，エコナが唯一可能性のあるものであるということも理解しており全面的に協力していた。発売直前の1998年ごろには，生産プロセスの研究者10人程度が取り組んでいた。また，協力する工場関係

者も多かった。研究開発体制はエコナに賛同する人々によってボトムアップで
つくられていった。その結果，発売直前までに生産プロセスの問題が解決され
た。

　一方，事業部を説得するのが大変であった。事業部が消費者調査を実施した
が，エコナに対する反応は良くなかったのである。消費者はそんな高い油（単
価が従来の食用油の4〜5倍）は買わないということであった。研究部門はこ
の新しい商品に熱い思いがあったが，事業部とは明らかに温度差があった。

　同研究員はある経験を思い出した。数年前に人間ドックへ行ったとき，医者
が体脂肪を減らすのにリノール酸の多い紅花油を使いなさいと指導した。医者
からの指導というのは患者に大きなインパクトがあると思った。世間からの
「信頼」が重要だと思うようになった。医者や栄養士などの専門家から消費者
に話してもらったほうが説得力がある。専門家に話すには営業のものよりも研
究者のほうがいい。そしてそのためのプロジェクトをつくって全国の病院や保
健所に研究者を送った。また，1998年12月に日本肥満学会があり，エコナの
機能について発表した。この発表は記事やTVで紹介された。これも非常に
宣伝効果があった。流通にも伝わっていった。こうして，花王にはいつしか販
売していないエコナについて問い合わせがくるようになった。事業部が販売に
踏み切ったのは1999年2月である。1999年1月には広報部門がマスコミ向け
の発表会をやったことも，エコナの機能の理解が得られるきっかけになった。

　1999年2月に販売されたエコナクッキングオイルは直ぐに売り切れ状態に
なった。今までになかった健康油という新たな事業が生まれた瞬間でもあっ
た。同研究員が家庭用食品分野の新商品開発に着手して約20年，ジアシルグ
リセロールを食品として着目し研究を始めて約13年が経ていた。

　さらに，エコナの開発の経験より，同研究員[4]の研究所の商品開発の考え方
もかたまりつつある。「ずっとやってきて出した1つの結論は，普通の食品を
うちはやる必要もないし，やってもだめで，要するに健康機能をやる，という
ことです。それを反映して，名前も食品研究所から，ヘルスケア研究所に変え
たんです。健康機能を提供するための1つの手段が日常食べている食品だとい
う考え方でやるのであれば，立派な食品メーカーさんがいっぱいおられるなか

で，我々がやる１つのすみかがあるかもしれない，というアプローチでいきたい」。この考え方のもとで開発されたのがカテキンを豊富に含んだ「ヘルシア緑茶」である。ヘルシア緑茶は 2003 年 5 月に発売され，初年度，約 200 億円の売り上げを達成し，エコナクッキングオイル同様大ヒット商品となった。

4.3　クォーツ腕時計

(1) 製品の概要

　1969 年 12 月 25 日に世界初のクォーツ腕時計が日本のセイコーから発売されている。日本時計協会によると，2007 年の世界の腕時計の総生産は 1135 百万個と推定されている。このうちの 98% がクォーツであり，2% が機械式である（㈳日本時計協会，2009）。

　クォーツ腕時計が出現する前の腕時計は機械式であった。クォーツ腕時計はぜんまいを巻く必要がなくなるばかりでなく，時刻精度が飛躍的に向上した。従来のぜんまい式の時計は一般的に 1 日に 10 秒から 1 分程度の誤差があったが，クォーツ時計は 1 ヵ月で 20 秒程度の誤差で，なかには 1 年で数秒の誤差というものもある。つまり 100 倍近い精度の向上であった（㈳日本時計協会，2003）。

　機械式腕時計とクォーツ腕時計の違いは，部品点数でみると一目瞭然である。ムーブメント（針，文字板，ケース等外装部品の付かない前の状態）で，機械式腕時計は 100~300 部品程度で構成されているが，アナログクォーツ腕時計では 50~60 部品程度に減少し，デジタルクォーツはさらに，アナログクォーツの約 1/2~1/3 と極端に部品点数が減っている。部品点数の大幅な減少に伴って，加工，組立工数が減り，構成の単純化と摩擦現象による不安定さが除去されたこと等により，信頼性の向上とコストの大幅低減をみた（内藤・岩井，1985）。クォーツ腕時計は非連続イノベーションの典型ともいえる製品である。

(2) 機会形成プロセス

　最初は，組織は関与していなかった。海外メーカーによる半導体を使用した時計の開発に刺激を受けて，若手主導でグループがつくられた（セイコーエプソン，2004）。その後，東京オリンピックへ納入する時計の開発は全社で行われたが，クォーツを使用した計測用時計の開発も全社プロジェクトの1つとして認められる。大きな推進力を得て世界最初のクォーツ腕時計の開発に結びついている。時系列でその内容を以下に記述する。

　技術者Aは東京大学精密工学科を1956年の3月に卒業し，第二精工舎に就職した。同社は服部時計店の関連会社で，東京都の亀戸に本社工場，長野県の諏訪に分工場をもっていた。

　1956年4月，技術者Aは自分の勤務先は東京の亀戸工場だと思っていたが諏訪工場に配属される。当時の諏訪工場の従業員数は数百人程度と技術者Aは記憶している。この配属がクォーツ腕時計開発に大きく影響する。最初の配属先は，同工場の技術課組立技術係であった。ここで技術者A本人の希望で時計の理論を担当する。当時の諏訪工場では大学卒は少なく，大卒の技術者Aはやりたいことを自由にやらせてもらえた。そこで技術者Aはより安定した精度の高い時計をつくるにはどうしたらよいか，といったことを調査研究した。

　この諏訪工場は1959年に第二精工舎から独立して諏訪精工舎となり，その後，後述のプリンター事業などで業容を拡大して現在のセイコーエプソンになっている。

　入社して3年ぐらいたったころ，フランスLip社製の電池とトランジスタで動く振子時計を街中で見つけた。技術者Aはそれを購入して分解した。以前家庭教師をしていた家の主人が弁理士だったので，そこを通して特許を調べた。その結果は技術者Aを震撼させた。Lip社はもちろん松下電器を含む国内企業によって，関連する特許が多く出されていた。単なる接点でスイッチオンオフする時計は，その精度と耐久性からいっても怖くはなかったが，トランジスタを使うものはまったく異なる。トランジスタを使ったものは精度も良く，電池1つで1年もつ。当時のいわゆるぜんまい時計は，1週間ごとにネジを巻

かなければならなかった。またさらにこのころ，1960 年に米国ブローバ（Bu-lova）社は音叉を利用した電子腕時計を発売した（相沢，1995）。これはまた，世界を驚嘆させた出来事であった。この電子音叉腕時計はスイス人の発明であったが，スイスの企業には相手にされなかったため，米国の企業と組んだといういきさつがある。当時ぜんまい時計の誤差が 1 日 1 分であるのに，電子音叉腕時計は 1 日 2 秒である。その差は一目瞭然であった。世界の腕時計市場を席巻するような勢いであった。この音叉時計は，電磁的に駆動される特殊な金属製の音叉に十分な振動エネルギーをもたせ，その振動を音叉に取り付けられた爪石によって爪車に直接伝えて針を回すという構造である。音叉の長さは約 25 ミリメートル，振動数は 360 ヘルツ，爪車のピッチは 15 ミクロンであった。発振回路には 1 個のゲルマニウムトランジスタが使用されていた。

　技術者 A は危機感を強く感じ，社内の関心のありそうな人に声をかけて勉強会をアフターファイブに行った。メンバーは 10 人程度だった。みんな機械屋で電気の専門家はいなかった。グループの名前は 59 A といった。

　しかし所詮，トランジスタに関しては素人集団で，本を購入しみんなで勉強したが，本質的なことはわからなかった。そこで技術者 A は，工場長の山崎久夫に大学に戻ってトランジスタの勉強をすることを直訴し，了承をもらった。技術者 A は当時東京大学の工学部長だった菅義夫教授（応用物理）を訪ね目的に合った学科に推薦していただき，1960 年（昭和 35 年）に東大の電子工学科に「特別研究生」という名目で再び学生となった。東京大学に電子工学科が新設されたのは 1958 年であり（東京大学工学部，2004），技術者 A にとってはタイムリーであった。そのときの学費は会社もちであった。そしてさらには，在学中給料が支払われる好条件である。いわゆる会社派遣の国内留学である。電子工学科で同技術者は 2 年間，ゲルマニウムの半導体特性を研究した。ほぼ毎週末には諏訪に戻って，会社の有志と意見交換をした。このとき，技術者 A は山崎工場長に，電子工学科の卒業生を採用するようにお願いしており，山崎は全国に電子工学科の学生をリクルートしに行くのである。

　技術者 A は 2 年後には学会発表を行って国内留学を修了した。技術者 A はこの期間にシリコントランジスタの可能性を確信するだけでなく，極めて低電

力で働く相補型（complementary）のPNPNトランジスタの可能性を知り，後述の周波数分周回路の超省エネルギー化と超小型化の可能性を予感したのである。そして，留学期間中にクォーツ腕時計のアイデアが浮かんでいる。

　技術者Aは，国内留学から帰ってきた後，1962年4月に創設された電子課に配属され，課長業務取り扱いとして電子腕時計開発を任された（原，1997）。このときすでに30人ぐらいの部下がいた。

　時計の精度は，時間標準である振動子の構造と素材によって決定される。水晶振動子は圧電効果によって他の素材では実現できない正確さで振動する。この特徴を活かした標準時計が1927年に米国のベル研究所によって最初に製作された。水晶振動子の振動数は高い（数キロ～数十メガヘルツ）ので，時計にするには同期モーターが応答できる周波数まで低減する分周回路（器）が必要になる。セイコーも1958年に放送局用に水晶式の標準時計をつくったが，それは分周器に多数の真空管を使用したため，更衣室キャビネットほどの大きさであった。

　技術者Aは，クォーツ腕時計の可能性についていろいろな先生方に話を聞いている。しかし，「消費電力を2桁改良するのはマアマアとしても1000万分の1になんかできっこない。大きさもどだい1万分の1なんて不可能だ。できたとしても価格がべらぼうになる。そんなのやめたほうが良い，会社を潰してしまう」といわれている（相沢，1995）。技術革新が進む半導体技術を先読みしない限り旧来の技術の権威といえどもクォーツ腕時計の可能性は予測できなかったのである。

　電子課発足当時（1962年4月）の開発テーマの第一は，乾電池で動く可搬型の水晶時計だった。水晶時計を身近なものにしたかったからである。そして，ブローバの音叉腕時計に対応できるテンプ式電池腕時計，音叉腕時計の改良品の開発に加えて後述の東京オリンピック関連のテーマなどが山積していた。

　この開発活動はいくつかの重要な成果を生み出している。1962年末に完成した単一乾電池2個で1年間日差0.2秒の精度で動く卓上型水晶時計951型がその1つである。持ち運びも可能であった。特殊な扁平同期モーター，温度変化を利用した水晶発振器の温度誤差補正器そして消費電力を巧妙に抑えた分周

器などが951型を可能にした。この951型は東京オリンピックの標準時計として各競技場に配置された後，商品化されている。価格は12万8000円であった。テンプ式電池腕時計の研究からは予想外の成果が生まれた。それはクォーツ腕時計の原型となる間欠（ステップ）型電気機械式変換機構（器）である。

　このテンプ式電池腕時計はゼンマイ時計のアンクルに相当する往復回転体に磁石をとりつけ，この磁石を取り巻く界磁コイルに与えられた電流をアンクル磁石の回転エネルギーに変えてテンプを駆動する一方，アンクルと連動するガンギ車を回転するという方式で，アンクル駆動式テンプ腕時計と呼ばれた。

　この界磁コイルに水晶発振器の分周器の信号を与えれば，そのままクォーツ腕時計になる。クォーツ腕時計の最大の課題である電気機械変換器の消費電力を数マイクロワットに極小化できることに加えて変換器の大きさも腕時計として問題がないことが確認されたのである。ただし，アンクルの瓜石とガンギ車の接触部分には潤滑が不可欠でその耐久性に懸念が残っていた。

　この変換器が開発されたことによって実現可能なクォーツ腕時計のシステムとその構成要素の内容（開発コンセプト）が明確になったのである。この新しい開発コンセプトによる開発成果の第1号が1964年に完成した水晶時計ボードクロノメータ952型である。このクロノメータのサイズは6センチメートル立方で精度は日差0.2秒以内，内蔵電池で3ヵ月動いた。秒針は1秒ごとのステップ送り。水晶の振動数は8192ヘルツで13段の2進回路で1秒信号を出した。音叉型水晶振動子の加工研究も山梨大学の指導のもと，このころ始めている。

　952型は1965年のスイス国際時計精度コンクールのボードクロノメータ部門に出品され，10個中6個が上位を独占している。

　余談になるが，アンクル駆動式テンプ腕時計の商品化は見送られた。電気毛布などのノイズで止まるという欠点に対処する余裕がなかったからである。

　当時，1964年開催の東京オリンピックにセイコーグループが総力を挙げて向かっていた。東京オリンピックは18回大会だが，17回大会まですべてスイスの時計が競技で使われていた。セイコーグループは17回ローマオリンピック大会に社員を送り，スイスの時計のシステムをくまなく調査した。それをも

とに周到に準備をしていった。スイス式ならば，十分可能なところまで準備していった。この状況のなかで，別部隊として技術者Aたちは非常に野心的な目標を立てることができた。それはすべて水晶時計で機械式の時計を置き換えてしまう，という大胆なものであった。

　技術者A本人の言葉によれば，「とにかくこれを水晶時計で測定しようと，しかし測定するだけだったら誰にでもできるかもしれない。それならばコンピュータでデータ処理をしよう。さらに，札幌オリンピックのことも考えてもう少し欲張り，コンピュータで処理したデータをただちにプリントアウトすることも考えたわけです。これを大きな製品にするということであれば，誰にでも開発できるわけですが，それを小さなトランクに入れてしまおうじゃないかと，しかも電池で動かそうと，今から考えてみましても，非常に無謀に近いテーマを設定してやったわけです。その結果，水晶時計の小型化の研究が更に加速されましたし，コンピュータ技術をそこで習得してしまうわけです。同時に大きかったのは，東京オリンピックの翌年，小さなプリンターを発明（世界で初めて）してしまうわけなんです」（相沢，1985）。

　技術者Aは東京オリンピックの1年後に3ヵ月間の海外調査に出た。目的の1つはスイスの国際時計コンクールに前述の水晶ボードクロノメータを出品することであったが，大きな目的はクォーツ腕時計の可能性を確かめるために幅広く世界中の研究所を訪問して意見交換することであった。この海外調査と同時期に米国ではMOS型のトランジスタの実用化が急速に進み，そのLSIへの挑戦が始まっていた。技術者Aはさらにその先を行くCMOSLSIの可能性を確信したことがこの調査の最大の成果であった。もう1つの成果はデジタル型クォーツ腕時計の可能性を強く感じたことであり，液晶表示体の研究を加速するよう上司に提言している。

　クォーツ腕時計の構成要素の最小化，省エネルギー化はさらに進み，1966年には懐中時計を完成してスイスのコンクールに出品した。しかしスイス勢も水晶式の懐中時計を出品し，セイコーを破っている。その後研究内容が漏洩するコンクールの参加を中止し，最終段階に入ったクォーツ腕時計の開発活動に全力を集中していった。

　CMOSLSI の開発を内外の半導体メーカーに打診し始めたのもこのころである。大手メーカーは興味を示さず，関心を寄せてきたのは米国のベンチャー企業だけだった。不安であったが熱意におされて開発契約を結んでいる。

　一方，技術者 A の第一研究課（電子課を改名）では 1965 年から 66 年にかけて新たな挑戦を始めていた。それはステップモーターの開発である。電気機械変換器の長期試験中に不具合が発生し，原因がアンクル爪とガンギ車の潤滑機能の劣化であることが判明した。かねてからの懸念が表面化したのである。ここで技術者 A は機械的に接触しない摩擦のないモーターに変えることを即断した。

　磁石の間欠的な往復運動を一方向の間欠的な回転運動に変えるだけなので消費電力は変わらず，アンクルがなくなる分運動体のエネルギー損失が減るので消費電力には余裕が出る。問題は磁気回路とモーターの駆動回路をうまく設計できるか否かにあった。こうして挑戦は始まったが，数日後スッテプモーターの構造が提案された。直ちに設計，試作，試験が行われ，この提案内容が完璧であることが実証された。

　このステップモーターを設計した技術者 I は，1961 年に東大の精密工学科を卒業し諏訪精工舎に入社した若手である。技術者 A が東大に留学中に彼と出会い，山崎工場長が採用を即決している。

　ステップモーターへの変更は比較的簡単であったが腕時計を摩擦と摩耗という厄介な問題から解放するという画期的な成果をもたらした。こうしてクォーツ腕時計第一号の設計が始まり，終了したのは 1966 年の夏ごろであった。

　このころに，親会社である服部時計店から，技術発表ではなく市場により大きなインパクトを与える商品発表にしてくれという要請があった。当時諏訪精工舎会長で服部時計店社長の服部正次が，スイスの企業がクォーツ腕時計の商品化へ向けて開発を進めているという情報を入手し，セイコーが最初に商品化するように指示を出したのである。

　このとき，開発側は大きな問題を抱えていた。それは，分周器の CMOSLSI 化のめどがついていなかったことである。そのため，CMOSLSI の実現が不可能だった場合に備えて，シリコントランジスタのチップ 72 個をセラミクス基

盤にのせた超省電力，超小型の積層型ハイブリット回路を制作し，各種のテストを終了していた。しかし，この方法だと，トランジスタを1つ1つ手作りで組み込んで分周器を製作しなければならないため大量生産には向いておらず，また，品質管理も難しいという問題があった。

このような状況のなか，商品化を目指して，1968年12月に200個生産体制をスタートさせた。このとき，研究課の試作能力では200個の生産に対応できないので，生産技術課や時計設計課の支援を受けた。生産技術課は時計軸受の宝石加工工場や歯車の専門工場の協力を得て，従来の機械式時計にはない部品である真空封入された音叉型水晶振動子，永久磁石を使用したステップモーター等の製造方法の開発を行った。水晶振動子の加工では山梨大学の指導も受けている。

ハイブリット回路の製造には苦労したが，1969年11月までに200個を技術者Aの研究課で設計し製造することに成功した。そして，1969年12月25日に世界最初のクォーツ腕時計35SQが販売された。

価格の設定は二転三転したが，45万円で落ち着いた。当時車1台分といわれた。実現不可能と考えられていたクォーツ腕時計が，高価ではあったが，なんとか商品化できた。しかし，不安は現実のものとなり，手作りの分周器に2年後には問題が生じ，ほとんどが返却されてきた。そのころちょうど自社でつくったCMOSLSIが完成し，これらの返品に対応することができた。その後，このCMOSLSIを使用したクォーツ腕時計の本格的な量産化を始めたのは1973年である。このときのクォーツ腕時計の価格は13万円程度であった。半導体製造の経験がまったくなかった同社がCMOSLSIを開発したことは画期的なことで，のちに半導体事業につながっている。

1969年12月に，突然技術者Aはクォーツ腕時計の開発から，自らの強い意志で，上司の反対を押し切って離れることになるのである。子会社の信州精器株式会社（のちのエプソン株式会社）に新設された機器事業部の事業部長代理となり小型プリンターの事業に専念するためである。技術者Aは，東京オリンピックのプロジェクトで生み出した小型プリンターの事業化のための開発もクォーツ腕時計の開発と並行して取り組んでいた。小型プリンター事業の立

ち上げに先立ってスタートしていた小規模生産とマーケティングを担当するプロジェクトの技術アドバイザーを兼任していたのである。小型プリンターの試作品を携えて顧客の意見を聞いたり，欧米の事務機器メーカーを訪ねて意見交換した。そして，小型プリンターの可能性を見極めたころ，クォーツ腕時計の商品化に成功し，200個の製品を生産できたため，小型プリンターに本格的に取り組んだのである。

　技術者Aはクォーツ腕時計開発から小型プリンター開発に移ったことについて次のように述べている。

　　「新しい分野で新事業を成功させるには世界で最初に商品を出すこと，技術の変化が予想される事業の責任者には技術屋が適していると考えたのが小生を唐突ともいえる行動に走らせたのです。（当時の時計の技術課題について）時刻標準電波を発信する社会的インフラの整備は先のことで急いで電波時計の研究に着手する必要がなく，歯車のない時計を実現させるための液晶の研究にも同僚に着手してもらっていた。また，アナログ型の水晶時計の事業化を担当できる人材は大勢いる。自分が役に立てるのは小型プリンターであると判断した。」

　技術者Aがクォーツ腕時計開発から離れた後，当時の技術部次長で設計課長でもあった設計技術者Yが責任者となった。設計技術者Yの経歴は，当時入社約14年目で，そのうち10年以上機械式腕時計の設計に携わっていた。あとは，生産技術，計測などを経験した。アマチュア無線の知識が，プロジェクトを担当する上で役に立った。

　技術者Yが率いる設計課では，前任者が後回しにしていた特許の出願，35SQの弱点の改良，CMOSLSIを前提とした大量生産のための再設計，液晶表示体を使用したデジタル腕時計の商品化などに取り組んだ。クォーツ腕時計の特許を50程度取得した。これらの特許の範囲は，U字型クォーツ，ステップモーター，1秒運針，誤作動を防止するためのモーター制御方式[5]，などを含むもので，クォーツ腕時計として本命といえる構造であった。すなわち，クォーツ腕時計をつくる場合この構造にならざるをえないものであった。スイスのオメガ社がセイコーの4ヵ月後にクォーツ腕時計を出してきたが，これら

の特許があったために，オメガを含む他社は直ぐには量産化できなかった。その意味で，世界で最初にクォーツ腕時計を開発したことは大きかった。

ブローバ社は電子音叉腕時計を開発したが，他社になかなか特許をライセンスしなかった。このため，同時計は普及しないで終わってしまった。ブローバ社の教訓を活かして，セイコーはこれらの特許を他社にライセンスした。目的の1つはクォーツ腕時計の基幹部品であるCMOSLSIのセカンドソースの育成にあった。ライセンスの交渉に2年ほどかかったが，当時は毎年数億円の特許料を取得することができた。特許を他社にライセンスした後も，セイコーがリードを保つことができたのは，クォーツ腕時計の水晶の合成とステップモーター用希土類磁石の製造も含めほとんどの部品をセイコー内部でつくっていたからだ。セイコーは，世界初のクォーツ腕時計を開発した後も，いろいろなクォーツ腕時計の製品（液晶クォーツ腕時計，小型の婦人用クォーツ腕時計含む）を次々と出していった。スイスの会社は部品を他社から調達していたため，このように素早く商品開発ができなかった。

なお，技術者Aはクォーツ腕時計や小型プリンターの事業化後も，電卓用液晶パネル（他社へ特許を許諾），液晶カラー技術（他社へ特許を許諾），液晶プロジェクター，パソコン用プリンター，インジェクトプリンター，など世界初の製品を生み出し事業化した。今でいう，シリアルイノベーター（Griffin et al., 2012）であり，エプソンの基礎づくりと多角化に大きく貢献している。

4.4 リチウムイオン二次電池

(1) 製品の概要

電池の正極，負極の電位は，ある基準を決めてそれに対する相対値で定義し，標準単極電位と呼んでいる。ある基準とは標準水素電極（ある定められた濃度の水素イオン溶液に接している一定条件の水素電極）で，これを0Vとし，これより高い電位をもつものが「＋」，低いものが「－」で表される。2つの電極を比較して，高いほうを貴な（noble）電位，低いほうを卑な（less noble）電位と呼ぶが，正極が貴なほど，また，負極が卑なほど，電池電圧を高くすることができる。電池エネルギー（Wh）は，"電流容量（Ah）×電圧（V）"で表されるから，電圧が高いことは電池エネルギーを大きくする上で非常に有利である。

電池負極用物質の特性表（図表 4-1）からリチウム（Li）が負極として，次のような点で優れていることがわかる。

①　標準電極電位が−3.05 V と最も卑であるから，動作電圧の高い電池，すなわち高いエネルギー（Wh）の電池を得ることが可能である。

②　単位重量当たりの放電量（Ah）が大きいので，少ない使用量で大きな容量を得られる。すなわち，電池の軽量化が図れる。

実際，一次電池では金属リチウムを負極とするものがコイン型を中心として実用化され，電卓や時計などの電源用，メモリーバックアップ用などとして広く使われている。最近では，自動焦点カメラなどの電源として，円筒形のリチウムイオン一次電池もつくられるようになった。このような優れた特徴を有するリチウム電池の二次電池化を求める声が大きくなるのは当然であった（西，1997）。

金属リチウムを負極とする二次電池の開発は多くの機関で以前から精力的に行われていた。しかし，実現には至っていなかった。その理由は，充電反応

図表 4-1　電池負極用物質の特性

	標準単極電位 (V)	密度 (g/cm³)	放電容量密度	
			(Ah/kg)	(Ah/dm³)
Li	−3.05	0.53	3860	2060
Na	−2.71	0.97	1170	1130
Al	−1.66	2.7	2980	8050
Zn	−0.76	7.14	820	5860
Fe	−0.44	7.85	960	7550
Cd	−0.4	8.65	480	4120
Pb	−0.13	11.4	260	2940

（出所）西（1997）。

時，イオンが還元され，金属リチウムに戻るときにデンドライト（樹枝状結晶）を形成し，致命的な問題を引き起こすからである。電池の容量が低下し，サイクル性，保存特性の低下につながり，実用化に必要な特性を得られなくなってしまう。次に，充放電が繰り返されることによりデンドライトが蓄積され，表面積が非常に大きくなり，激しい反応を起こすようになる。これによって，電池の安全性が低下するという問題がある。このような問題が存在するため，10年以上，金属リチウム二次電池は期待されながらも，商品開発されなかった（吉野他，2000）。

　このような背景のなか，まったく別のアプローチでこの電池の開発に取り組んだ旭化成が，世界初のリチウムを使用したリチウムイオン二次電池の開発に成功した。リチウムイオン二次電池は日本で発明され商品化された商品である（㈳発明協会，2002）。

　リチウムイオン二次電池はノートパソコン，携帯電話等の電源として広く用いられている。わが国における2008年の販売額は3904億円となり従来の二次電池であるニカド電池（同372億円），ニッケル水素電池（同1280億円）に取って代わって，文字通り小型民生用二次電池において従来型を駆逐し，主流になっている（図表4-2）。さらに，近年では電気自動車用のリチウムイオン二次電池が実用化し，その普及が期待されている。別の言い方をすれば，リチウムイオン二次電池が開発されたために，電気自動車の生産が可能となってきたといえ，その重要性はますます増大すると考えられる。

(2) 機会形成プロセス

　旭化成では，1961年に宮崎輝氏が社長に就任し，精力的に多角化を進め新規事業開発を推進していた（旭化成，2002）。同社長は技術開発力の有無は，企業の死命を制する重要な問題と認識していた（宮崎，1992）。ちなみに，同氏は1985年まで社長を務めている。

　当該研究者は1972年に旭化成に入社した。京都大学大学院工学研究科石油化学専攻修士課程を卒業し，専門は量子有機化学であった。当時はこの分野を専門に教えるところは少なく，珍しかった。当然社内にもそんなにいなかっ

（百万円）

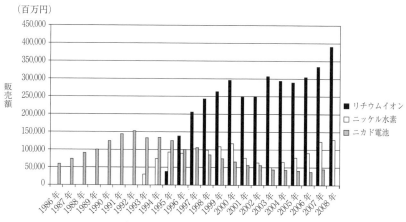

図表 4-2　主な小型二次電池の販売推移

（出所）㈳電池工業会（2009）。

た。この専門がリチウムイオン二次電池の開発に大いに役立つのである。同研
究者の説明によると有機化学は実験が主体だが，量子有機化学は半分実験，半
分理論という感じである。詳細は後述するが，電極として検討されたポリアセ
チレンもカーボンも同じ共役二重結合であり，最終的にカーボンを使用するこ
とになったが，このようなアプローチに量子有機化学の知識が役立っている。

　同研究者が入社後配属されたのが，研究所の探査研究グループであった。探
査研究グループのメンバーは3〜4人で，研究所全体では50人程度であった。
探査研究グループは基礎研究を行っていたため，自由度が高かった。

　会社の戦略は機能性プラスチックによる新規事業を目指していた。その範囲
内で同研究者は研究テーマを自由に選べた。お金もスケジュールもほとんど自
由であった。これほど自由なのは同研究者を含めて2人ぐらいであった。他の
研究員はそれほど自由ではなかった。同研究者は機能性ポリマーの研究に従事
した。最初の9年間で3つか4つのテーマに取り組んだ。しかし，成功と言え
るものはなかった。

　1980年の初め，アセチレンの重合体であり共役二重結合[6]を主鎖とするポリ
アセチレンが注目を浴びた。これは70年代の終わりに白川秀樹らによりポリ

アセチレンに代表される伝導性高分子の研究の流れがあった（白川，2001；吉野，2002）。ポリマーでありながら電気を通す物質であった。それを受けて金属に代わる伝導材料，超伝導体，太陽電池，等を目指した研究が盛んに行われていた（吉野，1995）。さらに，このポリアセチレンが二次電池の電極，しかも，正極にも負極にもなるということが見出された。

　同研究者は1981年にポリアセチレンの用途の1つとして，電池の電極に目をつけた。過去10年，多くの研究者が取り組んでも解決できていない，リチウム二次電池の開発に興味をもった。多くの人材が取り組んでなかなかできない，ということは，裏を返せば，ニーズが高いと考えた。金属リチウムを負極にした二次電池は問題が多く，解決につながらなかったのだ。同研究者はメーカーの得意先を複数訪問したときにポータブルという言葉を頻繁に聞いた。そして，電気製品のポータブル化が進めば二次電池のニーズは高いと考えたのである。当時，電池の電極へのポリアセチレン使用の検討は誰もがやっていた。多くの研究者が正極に注目していた。ポリアセチレンを負極で使い，充電及び放電を繰り返すと，その性能が落ちてしまうのが課題で使い物にならないという考え方が定着していた。しかし，同研究者はある特定条件下において，負極で充電及び放電を繰り返しても，その性能が落ちないことを発見し，ポリアセチレンを二次電池の負極材として研究を始めたのである。

　ポリアセチレンを負極において，正極用にリチウムイオンを出す化合物を必死に探していたが見つからなかった。そのとき，運良く，1980年に英国のオックスフォード大学のGoodenoughがリチウムイオンを出す化合物コバルト酸リチウム（$LiCoO_2$）を発見したことが論文に出された。1982年の年末に同研究者はこの論文を見つけた。1983年の年明け早々論文の通りにコバルト酸リチウムを合成し，ポリアセチレンと組み合わせて電池を試作した。充電も放電もスムーズに行われた。感動の一瞬であったと同研究者は述懐する（吉野，2004）。ここに，コバルト酸リチウムを正極にポリアセチレンを負極にするアイデアが生まれた。これがリチウムイオン二次電池開発の原点である。しかし，このようなすべての人に公開されている情報で，なぜ同研究者がいち早く注目できたのであろうか。同研究者は「いわゆる電池メーカーは，リチウム二

次電池において，負極にリチウム金属がくると考えており，正極にコバルト酸
リチウムをもってきても，リチウム同士がけんかしてしまう。そのため，メー
カーは変わった化合物があるなという程度でしか思っていなかったんでしょ
う」と述べている。

　その後研究を進めていくうちに，ポリアセチレンの負極への使用は断念しな
ければならなくなる。その理由は①化学的な安定性に欠けること，②比重が
1.2と小さいため，軽くはなるが容量エネルギー密度が低く，小型化できない
ことであった。しかし，ポリアセチレンの研究はその後登場するリチウムイオ
ン二次電池につながる大きな役割を果たした。それは，ポリアセチレンが，そ
れまでの電池材料と異なり，炭素を骨格とする共役二重結合に基づく材料のた
め，量子化学的にとらえるという発想がでてきたことである。言い換えれば，
二次電池の充電・放電反応を量子化学的にみるということであり，電池の世界
に初めて量子化学が入り込む入り口であった。

　仕組みをわかりやすく解説すると（図表4-3），充電時には正極からリチウ
ムイオンが抜け出して負極材料の層間に移動し，放電時には負極材料からリチ

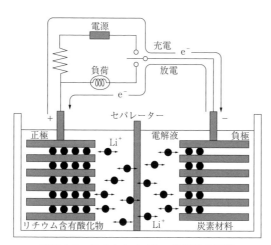

図表4-3　リチウムイオン二次電池の原理

（出所）西（1995）。

ウムイオンが抜け出して正極層間に戻ってくる。したがって，充放電に伴う変化はリチウムイオンの両極間の移動だけということになり，電極や電解液は化学反応を行わないのである（西，1997）。

　ポリアセチレンに限界が見える一方で，同じ共役二重結合である炭素質材料に注目し，同研究者はリチウムイオン二次電池の基本的な構造である，正極にコバルト酸リチウム，負極に炭素を使用することを考え出した。

　しかし，残念ながら，当時入手可能な炭素（カーボン）をいくつか評価してみたが，二次電池の負極としてまともに働くカーボンは見出せなかった。次の材料のあてもなく今後の研究の方向を見出せないまま悶々としているときに，あるカーボンのサンプルを入手することができた。それは気相成長法炭素繊維（vapor phase grown carbon fiber），通称 VGCF という特殊なカーボン材料であった。旭化成の研究所（宮崎県延岡市）では，ガスを気相で炭化させ直接カーボンファイバーを基板上に成長させていくという研究を行っていた。ニッケル系の触媒を混ぜたベンゼン，トルエンのような芳香族化合物を気化させ1000℃前後の温度に設定した炉を通過させると，炉の壁面に繊維径が数ミクロンの極めて細いカーボンファイバーが髪の毛のように成長していく。このVGCF の電池特性が図抜けて良かったのである。この VGCF を負極にしてコバルト酸リチウムを正極にした電池系を初めて充電したのは 1985 年の年明けであった。これが，現在のリチウムイオン二次電池の原型（正極コバルト酸リチウム；負極カーボン）が誕生した瞬間であった。カーボンを負極にすることで，二次電池の軽量化と小型化というニーズを初めて両立させることができたのである。ここから基礎研究が急速に加速されていった。リチウムイオン二次電池の基本構成を請求範囲とする特許をはじめ，多数の重要特許が生まれた（吉野，2004）。

　電極活物質を電解液に入れて充電する仕組みを考えるまでは，いわゆる実験室の研究であり，従来通りの研究スタイルで対応することができた。しかし，電池をつくり上げる技術や経験はまったくなかった。当時の研究所は川崎にあり，電池の筒をつくるために京浜工業地帯の缶詰工場を訪問したり，マンガン電池をつくっている中小企業に電池の缶をもらったりした。また，電池に近い

ものを製造しているところ（例えばコンデンサーをつくっている工場）へ行ってものまねをした。

　同期間に量産化の要素技術についても研究を行っていた。例えば前述のVGCFは研究段階のものであるから，量産はできなかった。そこで，同研究者らは，VGCFに最も近い構造のカーボンを探し出し，その性状を評価していった。100種類以上のカーボンを評価しても，期待しているものは見つからなかった。半ば諦めながらもう一度性状を見ると，ある特殊用途向けのコークスの一群にVGCFと非常によく似た性状を示すものがあったのである。このコークスはある石油精製メーカーによって大量生産されているものであった。そして，このコークスがリチウムイオン二次電池の初代負極材料となるのである（吉野，2004）。

　リチウムイオン二次電池のアイデアを実用化するにはほかにも安全性の問題や製造法を含め，様々な技術的な問題があり，それらをクリアしていかなければならなかった。その1つは，コバルト酸リチウム正極の集電体（正極，負極が発電した電気を集め正負両端子に導く伝導金属材料）がないということだった。このコバルト酸リチウムは4V以上という画期的な高い起電力を有していたが，金，白金等の貴金属以外の金属は4V以上の電圧で電気化学的腐食を起こしてしまうという問題があった。ステンレスなどの汎用金属の表面処理や金属以外の伝導性材料探査などの紆余曲折を経てたどり着いたのがアルミ箔であった。このために丸1年かかった（吉野，2003）。これによって，価格が現実的な値段におさまった。

　以上のような研究開発を重ねて，1985年ごろには単2サイズのプロトタイプをつくったが，これは活性物質を塗布し手で巻く等，完全手作りである。このプロトタイプの2つの単2リチウムイオン二次電池で，携帯型ビデオを動かすことに成功した。当時は，まだ非常に大きな厚板状のバッテリーパックしかなかったが，それよりはるかに小さな単2電池2つで動かすことができた。これを経営陣に見せたことが開発体制強化の判断に大きく影響したと考えられる。また，某電器メーカーに同電池を評価してもらったところ，いけそうだという反応があり，プロジェクト化への動きを後押しした。

　このリチウムイオン二次電池の事業化についても，スムーズにいったわけではない。電池製造は旭化成にとって経験のないものだけに，経営トップも決断するのに多くの時間が必要であった。その結果，1989 年に事業化が正式に決定された。それまで，研究開発メンバーは 10 人程度だったが，経営判断でプロジェクト化が決まった後は開発グループに約 10 人，基礎研究グループに約 10 人，合計約 20 人の体制になった。開発グループは量産化技術に取り組み，基礎研究グループは性能をより向上するために耐久性やリサイクル性などの課題に取り組んだ。

　開発グループのリーダーは，ファインパターンコイル[7] の事業化の経験があり，量産技術と製造がわかっている技術者が社内から選ばれた。そのほか，開発メンバーの半分ぐらいはこういった製造技術の経験者が社内から集められてきた。当初は，旭化成だけで電池の事業化・量産化を行うことを目標としていた。

　一方，基礎研究グループのリーダーには同研究者がなっている。

　開発グループは，最初の段階で部品について自社で設備を導入してつくるのは難しいと考え，各部品の製造を，設備を保有している外部のメーカーにつくらせる方法をとった[8]。これによって，1991 年ごろ各部品はそろえることができるようになり[9]，いわゆる量産化のメドがほぼついた。

　しかし，これらの部品を自動的に電池の缶に挿入して封じ込める技術については自社でやることが困難であることがわかった。そのため，同自動化技術については電池メーカーに頼ることになった。また，電池ビジネスは旭化成にとって種類のまったく異なる事業であったため，マーケティング，ブランド力をもち，土地鑑のある電池メーカーと組む必要があった。

　このとき，旭化成は 2 つの方法をとった。1 つは自ら事業化を行うこと。もう 1 つは他社へのライセンシングである。これを同時に行った。自らの事業化は，電池製造を事業としているメーカーとの合弁事業としてスタートさせた。東芝及び東芝電池と合弁で事業を行うことになった。会社名はエイ・ティバッテリー（A＆TB）であった。

　リチウムイオン二次電池の販売を始めたのは 1992 年である。同研究者が探

査研究に着手して約 20 年，リチウム二次電池に着目して 11 年が経ていた。

　旭化成は同事業を 2000 年に撤退し，A&TB の保有株式を東芝に売却している。理由は電池メーカーが多く参入し価格競争が厳しく，利益が少なかったことが挙げられる。本業の電池メーカーに太刀打ちできなかった。その後，東芝[10] も撤退した。一方，旭化成は特許料ではかなりの利益を得ており[11]，それまでの研究開発を含めた投資を十分上回るものであったと推定される。また，旭化成はリチウムイオン二次電池に使われているセパレータの生産を行っている。利益率は高く，旭化成のなかで稼ぎ頭の 1 つといわれている。これはリチウムイオン二次電池開発のなかで生まれてきたものである。

4.5　高強度 PAN[12] 系炭素繊維

(1) 製品の概要

　高強度 PAN 系炭素繊維[13] とは，アクリルからつくられた炭素繊維である。その比重は 1.8 で鉄（比重 7.8）に比べて極めて軽い。また，重さ当たりの強度や弾性率が鉄の 10 倍である（東レ㈱ ACM 技術部，2004）。

　PAN 系炭素繊維は，スポーツ用品ではゴルフシャフト，釣竿，テニスラケット等，また，航空宇宙分野では，飛行機の一・二次構造材，産業用では土木建築補強材，自動車，風力発電等に使われている。その活用の量と範囲は，近年でも増加の一途をたどっている（図表 4-4）。

　PAN 系炭素繊維の生産は日本の企業が強く，東レ，東邦テナックス，三菱レイヨン，の 3 社で世界市場の約 70% 程度を占めている（図表 4-5）。なかでも，東レが商品開発及び販売で世界をリードしてきた。

　1958 年にユニオンカーバイト社（UCC 社）はレーヨン織物を焼成した炭素繊維織物を米空軍研究所（AFML）のロケット部品用に納入した。その後 1965 年ごろまで UCC 社はレーヨンベースの炭素繊維の販売量を徐々に拡大したが，極めて高価な材料であり，需要はほとんど宇宙用途に限られていた。アクリル（PAN）繊維を焼成して炭素繊維をつくったのは大阪工業試験所の進藤昭男博士が世界で初めてである。1961 年，進藤が発表した炭素繊維は，レー

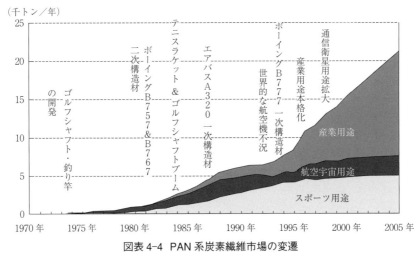

（千トン／年）

図表 4-4　PAN 系炭素繊維市場の変遷

（出所）東レ㈱ ACM 技術部（2004）。

図表 4-5 PAN 系炭素繊維メーカーの生産能力　　（単位：トン）

		2002 年	2004 年
東レグループ	東レ	4,700	4,700
	SOFICAR（仏）	800	2,600
	CFA（米）	1,800	1,800
	小計	7,300	9,100
東邦グループ	東邦テナックス	3,700	3,700
	TENAX（独）	1,900	1,900
	小計	5,600	5,600
三菱レイヨングループ	三菱レイヨン	3,200	3,200
	GRAFIL（米）	1,500	1,500
	小計	4,700	4,700
その他：HEXCEL,CYTEC, 台湾プラスチック他		5,900	5,900
合計		23,500	25,300

（出所）東レ㈱ ACM 技術部（2004）。

ヨン系炭素繊維とは異なって，炭素結晶子の著しく配向した構造をそなえており，より高い強度とはるかに高い弾性率を示すものであった（進藤，1982）。

　進藤博士は 1959 年に PAN 系炭素繊維の基本特許を出願した。この特許のライセンスを受けて，1962 年には日本カーボンが月産 500 kg のパイロットプラントを完成させて，最初に製品化することになる。ただし，当時の炭素繊維は，のちに「鉄よりも強く，アルミニウムより軽い」といわれ，複合材料の強化材として利用される炭素繊維と同じ製品とみなすことはできない。この時期，炭素繊維に期待されていた性能は，従来の製品にない柔軟性であり，用途は石油ストーブの芯，電熱布，静電気防止剤，パッキングであった。日本カーボンのほかにも，松下電器産業，東海電極製造，日東紡績が大阪工業試験所から特許権の実施許諾を受けて，製品化を試みている（高松，2000）。

　進藤は，1961 年の論文発表に続いて，1963 年 7 月の米国炭素会議に提出した。このあと，欧米各国から論文の請求があった。欧米における研究はこの発表が契機になって進められた。特に，英国での王立航空機研究所（Royal Aircraft Establishment：RAE）の Watt らが 1963 年秋ごろから研究を始めた（進藤，1986）。

　RAE がアクリル繊維を焼成した炭素繊維を 1964 年に開発した。それを受けて民間ではロールスロイス社が開発に取り組んだ。60 年代末には材料革命が叫ばれ，なかでも炭素繊維は「材料革命の主役」とされていた。英国では，PAN 系炭素繊維の複合材料への利用を急いでいた。英国下院科学技術特別委員会（Select Committee of the House of Commons on Science and Technology）は「大規模な炭素繊維製造プラントの建設を急ぐことは，国家にとってきわめて重要である」と勧告した（高松，2000）。1967 年にロールスロイス社の航空機エンジンのファンブレードに試用された。これが航空機用途に炭素繊維が使われた最初である。しかし，残念ながら商業化されなかった。鳥などが飛び込んでくると壊れてしまうという欠点を克服できなかったのである。

　東レは同社基礎研究所の研究者の予期しない発見から同市場に参入することになる。

(2) 機会形成プロセス

　東レは 1962 年に画期的な新製品開発を目指して鎌倉に基礎研究所を開設した。東レはすでに 1956 年に滋賀の工場近隣に中央研究所を開設していたが，工場の日常の問題が持ち込まれ新しい研究開発を行うことができなかった。そのため，基礎研究所は工場内に設けなかった。工場内に設けると，どうしても今の製品をやりたがる。そのため，工場と離れたところに建設された。中央研究所が既知の合成繊維の工業化を目指すのに対し，基礎研究所は新しい合成繊維や合成物質及びその新合成法の発見を目的としていた。

　同研究所の使命について，当時の田代茂樹会長は次のように述べた。「この研究所は，東レの創立 35 周年を記念する事業の 1 つの大きな柱である。この 35 周年に，東レは創業以来の事業であるレーヨン糸の製造をやめるという大きな決断をした。東レは現在，ナイロンとテトロンによって急成長しつつあるが，この成長は外国からの技術導入に多くを負っている。しかし，今後は，外国からの技術導入はしだいに困難となり，たとえ導入できてもその条件は今までよりも厳しくなることが予想され，われわれが成長し続けるためには，基礎研究によって，全く新規な成長ラインの製品を製造しなければならない。創立 30 周年を記念して石山に中央研究所を設け，今日まで立派な研究成果をあげてきたが，研究が開発ないし商品化に結ばれる場合が多いので，時間的な制限などもあって，研究の徹底を欠くことも多かったように思われる。われわれが当基礎研究所に期待するところは，自由研究の原則に立って，高度の研究能力を駆使して研究の徹底を期し，創造意識の高揚によって，りっぱな成果を得ることである。現在の製品に変化を与えたり製造の改善をやるような，身近な研究は技術研究所にまかせて，5 年，10 年，20 年先の将来に答案が出るといった偉大な研究を心がけてもらいたい」（東レ，1997, p 367）。

　基礎研究所の組織環境は大変自由なものであった。研究テーマは自由に決められた。スケジュール管理も自由であった。同研究者は研究費に不自由を感じなかった。また，同研究者の上司も新しいものにチャレンジすることを奨励していた。

　当該研究者は 1954 年に東京都立大学理学部化学科を卒業している。卒業論

文はステロイド（副腎皮質ホルモン）を扱った。大学の先生を通して，豊年製油の研究所である㈶杉山産業科学研究所にスカウトされた。てんぷら油製造の副産物であるステリンから女性ホルモンをつくって事業化する研究を行った。次に 1959 年に米国のシカゴ大学の Ben May Laboratory for Cancer Research にステロイド研究の Research Associate として行くことになった。ここで 3 年程度研究を行った。そして，1964 年，当該研究者は東レの基礎研究所に中途採用された。

　当時，東レはデュポン社からナイロン 66 の生産する権利を手に入れていた。当該研究者はナイロン生産のプロセスの大幅コストダウンを目指して研究をしていた。1966 年，この時実験に失敗するが，新規化合物を発見する。新規ビニルモノマ（HEN：Hydroxyethylacrylonitrile）（ヒドロキシエチルアクリロニトリル　またはヒドロキシアクリロニトリルとも呼ばれる）である。HEN は 1 分子のなかに，二重結合，ニトリル基，OH 基をもっており，このような化学物質はそれまでなかった。

　そして，この新規化合物 HEN の利用を目指した研究が始まるのである。アクリル繊維の吸水性向上のほかにも 10 数項目について行われた。そのなかに炭素繊維があった。HEN は PAN 系繊維の耐炎化促進効果があり，PAN 系繊維に混合することにより優れた炭素繊維をつくることができることがわかったのだ。同研究者は鉄よりも数倍強く，そして軽い炭素繊維は将来大きな市場になると自ら判断し，1967 年より炭素繊維の研究に取り組むことを自分で決めた。同研究者は，この時点で炭素繊維について，まったくの素人であった。

　東レは，社外の複数のメーカーに炭素繊維の研究用に PAN 系繊維を提供していた。同研究者の新規化合物を含む PAN 系繊維について，一部のメーカーから炭素繊維用原糸としての高い評価がかえってきた。同研究者はこれを受けて，社内で企業化を目指すことにする。同研究者の判断で，基礎研究所の同研究者を含む有機合成グループ 6, 7 人はそれまで行っていた原料合成の研究をやめ，炭素繊維にとりかかる。その結果，当時 20 数時間かかるとされていた酸化工程が数時間に減少し，しかも，得られた炭素繊維の機械的特性が大幅に向上することがわかった。当時最高性能であった英国の RAE の炭素繊維以上

の高強度，高ヤング率であった（高松，2000）。技術的に事業化が実現可能であることを示した。

　同研究者はこの研究結果を社内の研究成果発表会で示した。そこに，開発研究所所長の伊藤昌壽（のちの東レ社長，会長）がいて，同研究者の言葉によれば，唯1人興味を示した。1969年5月に伊藤をリーダーとした全社的なプロジェクトがスタートする。プロジェクトは，基礎研，繊維研，工務研，開発研，愛媛工場の研究者・技術者50人を中心として，総勢約200人に達するおおがかりのものとなった。炭素繊維の開発は，次期社長と目されていた藤吉次英副社長も力を入れていた。藤吉は「需要があるから生産するといったことをやっていてはだめだ。将来性のあるものは10年以上先を見越して生産設備を作ってしまい，需要を作り出さなければ」という考えをもっていた（日経産業新聞，1976年12月18日）。

　伊藤は「当時はごり押しをした。ともかく早く工業的な生産技術にしなければいけないということで，滋賀に月産1トンのプラントをつくり，研究者を50人ぐらい動員した。ところが原料のアクリル繊維はできるが，それを大量に効率的に焼く技術がない。摂氏2千度という非常に高温の炉も必要だった。そこでこうした技術を持っているUCC社（当時）と昭和45年（1970年）クロスライセンスを結んだ。うちは糸をつくる技術を，UCC社は糸を焼くノウハウというか装置を技術交換した」と述べている（伊藤，1992）。これによって東レは，UCC社の販路を獲得したことも大きかった。

　PAN系炭素繊維のパイロットプラントはできたものの，当時，世界的にも一般市場にほとんど製品がなかった。ゼロから市場をつくっていく必要があった。

　伊藤の示すミッションは，炭素繊維の商品化である。炭素繊維を使用した商品の開発は生産技術の構築と同レベルの重要なテーマと位置づけられていた。その目標のもとでは，各自の自主性が重んじられ，何にどう取り組むか担当者の判断で行動していた。経費予算については，要求して断られたことがないくらいの自由度が与えられていた。また，プロジェクトのメンバー間では自由闊達に意見交換する気風に溢れており，仕事はかなりの権限が委譲され，日常業

務においては逐一上司の許可をとることもなかった。

　炭素繊維の市場開発のため1970年に営業経験者がプロジェクトに参加した。同営業経験者は普通高校卒業後に東レに入社した。産業資材販売部において10年以上の営業経験を積み，水産関係の漁網や釣り糸などの業界に顔がきいていた。同営業経験者は炭素繊維を売り込むべく産業資材販売部時代の顧客を片端から尋ねる作戦をとり，その1つがオリムピック釣具株式会社であった。オリムピック釣具に竿の穂先を持ち込んで評価を依頼したが，穂先はまっすぐではなく曲がっているし，力を加えると折れてしまう代物であった。このとき，オリムピック釣具側から長尺で軽量の鮎竿の話が出てきた。「鮎竿に炭素繊維は使えないか？」。鮎釣りは囮の鮎に攻撃を仕掛ける鮎を針で引っ掛けて獲る漁法である。鮎釣りの竿に要求される性能は厳しく，魚の攻撃を釣り人がキャッチするために軽量であって剛性の高い竹が用いられてきた。しかし，職人の手作りであり，非常に高価なものであった。海釣りなどの竿はすでにガラス繊維複合材料によって大量生産されていたが，鮎釣りにはガラス竿では重く，剛性の点でも満足できるものではなかった。

　同営業経験者は鮎竿に炭素繊維を用いる提案の具体化をプリプレグ担当の生産技術者のもとに持ち込み，技術陣が取り組むことになる。ガラス竿はガラス繊維織物にフェノール樹脂を含浸したプリプレグが用いられており，これと同じものが炭素繊維でつくれないかとの要求をだしたが，当時の技術では織物をつくる技術はなく，炭素繊維糸にフェノール樹脂を含浸した一方向プリプレグを提供する以外に手段がなかった。オリムピック釣具は炭素繊維一方向プリプレグとガラス繊維織物プリプレグの併用によって商品化を行い，長さ720cmで重さ580gを開発した。当時のガラス繊維織物の鮎竿は重さ800gから1000gであり，炭素繊維を併用した軽量化の効果が顕著であり，1972年の釣具見本市に出品して高い評価を得ることができた。これが最初の炭素繊維を使用した商品であり，この成功は，プロジェクトのメンバーに大きな励ましになった。

　そして，さらに1972年10月ゴルフ太平洋マスターズで炭素繊維を使用したブラックシャフトを優勝者が使っていたことで，ゴルフへの利用が促進され

た[14]。この炭素繊維は，東レがつくった炭素繊維を UCC 社へ輸出し，それを入手した米国のベンチャー会社がブラックシャフトを開発したのである。その後，日本のゴルフクラブメーカーもブラックシャフトを製品化する。これが東レの炭素繊維にとって最初の神風になり，つくる先から注文が舞い込み，在庫が底をついた。1976 年ごろからは，テニスラケットに炭素繊維が普及し始めた。最初に取り入れたメーカーもゴルフシャフト同様に，海外のメーカーであった。いわゆるデカラケである。大きくても強くて軽い，炭素繊維の入ったプラスチック（炭素繊維強化プラスチック CFRP）によって可能になったのである。現在ではほとんどのラケットに CFRP が使われている（東レ㈱ ACM 技術部，2004）。

　スポーツ用途というのは，航空機用途に認知されるまでの間に非常にいいつながりになったのは事実であった。また，これらのスポーツ用途の製品開発で技術力も付いていった。例えば，最初の製品である鮎釣り竿の開発では，炭素繊維による織物を生み出している。当時，炭素繊維による織物は不可能と言われていたが，東レの技術者らの努力で「織物を織ることができる炭素繊維」をつくりだしたのである。これがのちにボーイング 767，777，787 をはじめエアバスなど航空機に使用されることになったのである。2004 年には，東レは唯一，ボーイング社の次世代中型旅客機 B 787 の一次構造材料向けの炭素繊維複合材料について，同社との間で 2004 年から 18 年間の長期供給に関して基本契約を結んだ。この期間中に当該機種 1500 機を生産する前提で，受注額は約 3300 億円となった（東レ，2004）。

　PAN 系炭素繊維の製造の最大のポイントは，高品質の PAN 繊維である。炭素繊維に用いる PAN 繊維は一般のものとは違い，特別に共重合組成，製糸工程の熱延伸工程等が設計された特別な原糸からつくられている。東レはこれに優れた技術をもっていた。また，PAN 系繊維は各社その製造過程で使用する溶液が異なり技術の共通性が少ない。このため容易に他社技術をまねしにくいことが先行の東レや日本のメーカーにとって幸いした。近年技術進歩の著しい中国，韓国でも炭素繊維の事業化を長年望んでいるが本格的な成功に結びついていない（東レ㈱ ACM 技術部，2004）。

4.6　暗号アルゴリズム

(1) 製品の概要

　インターネットをはじめとするパソコン通信が広く普及し，その上で電子取引や電子決済が行われるようになると，秘匿に加えて，金額や文書の改ざん防止，相手確認等の認証が極めて重要になる。個人や情報を正しく認証し，安心できる信頼の基盤を構築するためのキーテクノロジーが暗号（encryption）である。

　暗号とは，通信の内容が当事者以外には解読できないように，文字や記号を「一定の約束」でほかの記号に置き換えたものである。ここでいう「一定の約束」がアルゴリズム（algorithm）である。

　2000 年 3 月，暗号アルゴリズム「MISTY」をベースに開発した携帯用暗号「KASUMI」がヨーロッパ方式の第 3 世代携帯電話 W–CDMA（Wideband-Code Division Multiple Access）で使われる唯一の国際標準暗号となった。開発したのは三菱電機株式会社である。第 3 世代携帯電話は世界にヨーロッパ方式 W–CDMA と米国方式 CDMA 2000 の 2 つの方式があり，「KASUMI」はその 1 つの世界方式の唯一の暗号となったのである。国産暗号技術が必須の世界標準として採用されたのはこれが初めてのことで，以来，携帯電話を用いた通信の盗聴・改ざん防止に役立っているのである。さらに，2002 年には，欧州・アジアを中心に現在世界 200 以上の国と地域で 10 億人の利用者をもつ現世代携帯電話（GSM：Global System for Mobile Communication）の標準暗号としても，KASUMI が利用されることとなった（㈳発明協会，2004）。

(2) 機会形成プロセス

　機会形成の主導は，研究所の 1 グループ長の行動から始まった。

　1980 年代，三菱電機の情報総合研究所の符号伝送グループは誤り訂正符号と画像圧縮を扱っていた。グループ長は学者肌の方で，グループの雰囲気は大学の研究室のようだった。同グループが扱っていた誤り訂正符号と画像圧縮のうち，画像圧縮の仕事が他のグループに移った。そのため，当時のグループ長

が将来成長しそうなテーマは何かということを考え，暗号を選んだのである。これは研究所の所長や，会社の経営上層部に言われたのではない。当時の部課長の助言により，同グループ長が自身の判断で決めたものだ。

　経営上層部は，同社が業界のトップレベルの地位を占めている事業分野（例えば，当時アンテナ）においては，市場などからも情報を得ることができ，どのような技術が今後伸びるかはある程度推測できた。しかし，事業をあまりしていないような分野の技術については判断材料をもっていなかった。当時，三菱電機は通信やコンピュータ分野は強くなかったため，経営上層部は同分野でどのような技術が伸びるかという判断はできなかった。よって，同グループ長は研究者だからこそ暗号の将来性を判断ができ，取り組むことにしたのである。ちなみに，当時，事業部から暗号の相談もほとんどなかったことから，市場も顕在化していなかったと考えられる。

　このような状況のなか，1990 年 11 月に当該グループ（名前は情報セキュリティグループとなっていた）のグループ長が変わった。前任者が他の研究所へ移籍したためだ。新グループ長が暗号を扱うのは，このときが初めてであった。このときのグループのメンバー数は 7 人であった。暗号を担当していたのは 2 人である。

　当時，同グループは誤り訂正符号チームと暗号チームからなっていた。誤り訂正符号は，事業部から多くの仕事を請け負い，いわゆる研究成果が出る時期であった。一方で，新グループ長は前任者と同様，誤り訂正符号だけやっていたらグループの将来はないと考えていた。暗号は将来のための投資という位置づけであった。このため，誤り訂正符号については，新グループ長を含めた 4 人程度で事業部から多くの仕事を受注し，研究予算を確保した。そして，他の 3 人には暗号の研究を自由にやらせたのである。

　当時は，暗号や情報セキュリティ分野で三菱電機の独自技術もなく，事業部から請け負う仕事の実績もほとんどなかった。研究所での成果として評価されるのは，事業部からの請負の研究成果か学術論文である。暗号では事業部からの仕事がなかったため，新グループ長はこれら 3 人に学術論文を書くことを奨励した。初期のころは，これらの研究者は既に発表された手法を使って暗号解

読などをやっており，他のグループの研究員から研究のやり方について非難を受けることもあった。しかし，当時は暗号について何をどうしていいのかまったくわからなかったのである。よって，同グループ長は暗号解読の研究は暗号を評価する技術をつくるのに必要であると説明し，暗号解読の研究を続けさせた。

このような環境のなかで，頭角を現した1人の研究者がいた。同研究者は，京都大学数学科で整数を専門に修士号を取得し，1987年，三菱電機に就職していた。前述の情報セキュリティグループに所属し，最初は誤り訂正符号のチームのメンバーであった。同研究者によれば，「暗号技術は理学と工学の両方のセンスが要る」。例えば暗号の解読は，数式を考える面と，それをコンピュータでシミュレーション（実験）すること，その両方が重要なのである。幸い同研究者はコンピュータのプログラミングも好きであった。さらに，同研究者は暗号についての知識はなかったが，大学時代の数学の専攻は「整数論」であり，暗号研究の基礎学問といわれるものであった。同研究者の数学の能力は群を抜いていた。そのため，1991年から93年に，グループのメンバーに週に半日，数学を教えている。本を読ませ，宿題を出すという本格的なものであった。当時のグループ長は「このとき（授業に）ついていったものは力をつけ，その後も活躍している」と述べている。

1990年，イスラエルの研究者Biham氏とShamir氏が，差分解読法（Differential Cryptanalysis）という新しい暗号解読手法を発表したという，大ニュースが入ってきた。差分解読法を使用すると暗号解読に必要な計算量を劇的に減らせることに同研究者は感銘を受けた。当時，暗号解読法として確立していたのは，考えられるすべての鍵の組み合わせを試して正しい鍵を求める「全数探索法」という方法だが，この手法だと計算量が膨大である。通常，暗号が解読不能とみなされるのは，鍵データを求める計算量が膨大で，事実上特定できないからだ。差分解読法は，鍵データを求めるのに必要な計算量を大幅に少なくする方法で，基本的な発想は，暗号化処理に潜む「偏り」を利用するというものだ。どんな暗号のなかでもわずかな相関がひそんでいる。これを手がかりに必要な計算量を減らすのである（堀切，2002a）。

　同研究者は差分解読法を利用して国内メーカーが開発した暗号を解読した
り，差分解読法の改良などを研究していた。同研究者は2年後に，差分解読法
よりも暗号解読に必要な計算量が大幅に少なくなる「線形解読法（Linear
Cryptanalysis）」を発案，1993年にこの成果を学会で発表して大いに注目を浴
びた。

　1993年に同研究者は，この線形解読法を使って米国の標準暗号 DES（Data
Encryption Standard）を解読することに成功してしまう。DES は米国国家標
準局（National Bureau of Standard）が政府調達システムの標準暗号として
1973年に公募した結果，IBM 社が提案したものが採用され，1977年に公布さ
れたものである。DES は政府調達基準としてその詳細仕様が一般に完全公開
され，暗号の自由な製造開発と相互接続性が保証されたという点で，それまで
の軍事外交目的の暗号と決定的に異なっていた。その後 DES は共通鍵暗号の
デファクトスタンダードとして，約20年にわたり世界中で用いられていた
（松井，2000）。

　同研究者の DES 解読の成功は1994年1月の国内学会，8月の国際学会で発
表された。米国政府が利用し，かつ一般にも使用されている DES を解読した
ことは，大きな衝撃を与えることになり，一躍同研究者は世界レベルで関係者
の間で有名人となるのである。

　その後，同研究者は独自の暗号アルゴリズムの開発に着手する。それは，証
明可能安全性（provable security）という考え方に基づくものであった。証明
可能安全性とは暗号の安全性を数学的に評価するものである。暗号の安全性を
鍵を推定されてしまう確率で表現する。確率が低いほど解読の難しい暗号とな
る。この考え方はある国際会議で提案されたものである。同研究者は国際会議
には頻繁に出席していたためこの機会に恵まれた。同研究者は「次世代の暗号
設計はこれだ」とそのとき思った。同研究者はこの話を聞いたとき，当然，世
界の研究者がこのテーマで研究をしてくるだろうと思っていたが，半年たち，
1年たったが，誰も関連する研究を発表してこなかった。「線形解読法」の開
発を終了した後，それならば自分でやろう，と立ち上がった。この証明可能安
全性のアイデアのもとに，暗号アルゴリズムの研究を始めたのである。具体的

には，当時（現時点においても）最強といわれる差分解読法や線形解読法では
絶対破れないということを数学的に証明できるような，すなわち，鍵が推定さ
れる確率が非常に小さい，暗号アルゴリズムを目指した。同研究者は差分解読
法を何度も活用しているため熟知しているし，線形解読法は自分でつくったも
のである。同研究者はこの暗号アルゴリズムをつくるのに非常に優位な立場に
いたと考えられる。

　そして，自主研究で行った結果，1 年後の 1995 年 7 月に MISTY の原型が
完成する。1995 年 9 月には三菱電機より，「DES をしのぐ強力な暗号方式を開
発」として広報発表を行った（堀切，2002 b）。

　原型ができてからは，同研究者は暗号アルゴリズム完成のために協力メン
バーを得ることになった。MISTY の名前はこのときの開発メンバーの頭文字
からできている。

　当時の研究所長のアイデアで研究をやっているなかからビジネスになりそう
なものを，時限的にセンターという形で，部よりさらに格上の組織をつくっ
て，そこで予算を与えて事業化を推進しようとした。まだ，この時点では
MISTY をどのように事業化するのかはまったくわかっていなかった。

　情報セキュリティグループから暗号研究者，そして UNIX のセキュリティ
や OS のセキュリティをやっていた人が合流して，10 数人でセキュリティを
ビジネスにするというミッションをもった組織，情報セキュリティシステム開
発センターが 1995 年 6 月にできた。前述の通り，MISTY はそれから 1 カ月
後に原型が完成する。そして，MISTY は三菱電機の情報セキュリティ事業の
柱として位置づけられるのである。

　同研究所長は開発センター長に研究所の研究者のなかから事業経験が豊富な
ものを抜擢した。同センター長は，北海道大学数学科（学士）を 1972 年に卒
業している。三菱電機ではプラント制御の計算機システムを扱う事業部にてプ
ラント制御用計算機言語システムの開発に取り組み，以降 20 年程度ソフトウ
エア開発の業務に広く従事した。また，米国に留学していた経験がある（デン
バー大学，1981 年卒，コンピュータサイエンス修士）。1993 年に鎌倉・大船に
ある研究所に移り，プラント系のリアルタイム制御分野を含む UNIX 関連の

システム開発のマネジメントを行っていた。また，利用が始まりだしたインターネットにも取り組んでおり，VOD（ビデオオンデマンド）システムの開発・導入も扱っていた。

　しかし，事業を長く経験した同センター長にも，MISTY を最初どのようにしていいのかわからなかった。同センター長が直面したのは，事業化シナリオの策定とその事業化を同時進行させるという要請であった。その時点では，形あるものとしてはそのアルゴリズムを記述した論文とソフトウエアコードがあるだけであった。このようなものを事業化した経験もノウハウも周囲に見当たらなかった。なかでも大きな課題は MISTY を業界標準にするということであった。電気・電子・ITC の業界では業界標準になることは極めて重要で，技術としては事業化とほぼ一体である。業界標準にならないと，事業がニッチなマーケット分野に限定されてしまう。

　考えた末，ビジネスとしては2つの取り組み方があった。

① 　顧客ごとに異なるシステム・製品へのセキュリティの組み込みを提供する。例えば，国の特定部門のセキュリティシステムなどである[15]。この仕事は，事業部が営業をしてセンターにもってくる。

② 　インターネット・携帯電話など一般コンシューマーを対象とした普及型製品への組み込みを提供する。

　特に②について，どのような入口から入り，どう展開すべきかというシナリオが特定できなかった。試行錯誤で走りながら見極めるというアプローチをとった。同センター長が最初に行ったのが，暗号・インターネットの先進国であった米国への売り込みである。MISTY が多く使われるようになれば，業界標準になる可能性がでてくると考えた。また，暗号ビジネスのあり方も探った。

　訪問先として，Netscape Communications 社（最初の商用ブラウザ・SSL の開発・販売），cylink 社（ハードウエア暗号製品の開発），RSA 社（RSA 暗号製品の開発販売），ベリサイン社（RSA 暗号に基づく PKI による認証提供の会社）など米国の代表的なセキュリティ関連の5〜6社を回った。残念ながら MISTY を使ってくれるところはなかった。

　スタンフォード大学では同研究者の暗号アルゴリズムの解読・設計の技術を高く評価してくれたヘルマンという方がおり，その方を訪ねている。ヘルマン先生の薦めで，ヘルマンの弟子のコーチャーという研究者にコンサルティングを依頼した。どのようにして MISTY の事業化を行うべきか，についてレポートしてもらった。

　この結果，①暗号アルゴリズムの使用は無償にする，②暗号単独でビジネスをするのではなく，情報システムや電子機器に入れて付加価値を生み出す，③暗号製品・セキュリティシステム開発のためのツールキットの開発・販売をする，ということが提案された。

　同センター長はコーチャーのレポートに違和感を感じなかった。自分たちが考えた通りの結論であった。そして，MISTY の特許を無償で公開することにした。民間としては異例だが，MISTY を使用したプログラムやシステムの作成には三菱電機の優位は変わらないとの判断であった。

　一方，このセンターができてから当該研究者の仕事の内容は一変した。同研究者によれば「それまでは野放し」という状況だった。しかしセンター設立後は，MISTY の売り込みのため，会社回りや営業，そしてアメリカの会社訪問に同行した。

　1996 年 7 月 MISTY の詳細仕様を学会に発表する。次の 3 つをその設計基準としている（松井他，2002）。

　①　安全性に関する何らかの数値的な根拠をもつこと。
　②　プロセッサの種類によらずソフトウエアで実用的な性能を達成すること。
　③　ハードウエアで十分な高速性を実現すること。

　①は前述した証明可能安全性である。

　②は，当時，多くの暗号が特定の仕様のプロセッサでのみ高い性能を達成するよう設計されていたのに対し，MISTY は，8 ビットから 64 ビットまでのあらゆるプロセッサで実用的な高速性と小型化を実現することを重視して設計された。

　③は，ハードウエアに対する親和性である。特に小型化である。当時のほと

んどの暗号はソフトウエアで実装されることだけを想定しており，ハードウエアが極端に大規模になったことが少なくなかった。その意味でMISTYは特徴があった。

②と③について，MISTYの原型が完成した後，社内の事業部（松井，2004）や，他社への売り込みで得た注文（堀切，2002ｃ）から，これらのニーズを反映したものと考えられる。

同研究者は事業部から寄せられる要請を次のように述べている（松井，2004）。「（暗号開発において）少なくともハードウエアの存在価値は，ソフトウエアではどうしても達成できない超高速処理を行うためのもの，という考えが当時支配的であり常識であった。しかしながら，筆者らのそれまでの経験では，事業部から寄せられる暗号に関する要請は，かならずしもその「常識」と一致するものではなかった。特に半導体事業部門からの要求は，ハードウエアにせよファームウエアにせよ，高速化よりもむしろ小型化，それも極端な省リソースを要望されることが少なくなかった」。

MISTYが完成されてから，社内の製品に使用することは順調に進んだ。MISTYを活用したアプリケーション・ソフトや情報システムが，次々に生まれつつあった。しかし，事業化に不可欠な業界標準についてはめどがついていなかった。

三菱電機の暗号の研究者が欧州の第3世代携帯電話の国際標準規格を検討する3GPP（3rd Generation Partnership Project）の会議に参加した。三菱電機は，国内の電波産業会（ARIB）の次世代携帯電話の研究会の主査をやっていた関係で，この国際会議に出席することになった。MISTYの第3世代携帯電話への適用を，このときは考えていなかった。

1999年春，この3GPPは第3世代携帯電話用暗号方式の設計を，3GPPのメンバーでもある欧州の通信標準化機関ETSI（European Telecommunication Standards Institute）傘下の暗号専門グループSAGE（Special Algorithm Group of Experts）に依頼した。SAGEはこれまで欧州内の通信に使われる多くの暗号を設計してきた実績あるグループであり，そのメンバーは主に欧州の通信会

社に所属する暗号の専門家から構成されている。現世代の欧州携帯電話標準である GSM で利用されている A 5 と呼ばれている暗号を設計したのもこのグループである。SAGE は 3 GPP からの依頼を受けて，暗号の設計に着手したが，与えられた設計期間が 1 年未満と短かったこともあり，新規アルゴリズムの開発を行わず，既存のものをベースに開発することにした（松井，2004）。3 GPP から SAGE に課せられたのは次のものである。

① 10 年以上の使用に耐える安全性をもつこと。

② ハードウエアで　10 kgates 以下であること。

③ 無償で利用できること。

ハードウエアでのサイズの要求は端末メーカーからの要請であった。

1999 年 8 月の会合では第 3 世代携帯電話むけの暗号として，MISTY をベースにアルゴリズムを採用することを内定した。MISTY は当時ほとんど唯一ともいえるほどハードウエアの小型化を意識して設計された暗号であり，すでに 6 kgates で実装できることが実証されていた。また，MISTY の特許が無償であることも条件に合っていた。

MISTY をベースとして新しく設計された暗号は 1999 年末に完成し KASUMI（霞）と命名された。2000 年 3 月，3 GPP は，第 3 世代携帯電話（ヨーロッパ方式 W-CDMA）に利用する唯一の国際標準暗号として，KASUMI を採用することを発表した。ここで初めて，事業化とほぼ一体のものと位置づけていた業界標準を達成した。

注

1　コダックが同一商品を市場に導入するのは 1987 年後半と 1987 年 2 月 20 日にアナウンスしている（*Democrat&Chronicle* Feb.20, 1987）。

2　35 mm フィルム（ISO 400）を使うアイデアは当時の大西社長のものと言われている。

3　「花王の特定保健用食品（特保）の食用油『エコナクッキングオイル』などに発がん性物質に分解される可能性のある成分が多く含まれていた問題で，同社は 8 日，エコナの特保の許可の失効届を消費者庁に提出すると発表した。ほかの食用油と同程度の含有量に抑えられる技術を確立した上で，改めて申請手続きをする方針だ。」
（出所）日経ネット，2009 年 10 月 8 日検索，http://www.nikkei.co.jp/news/sangyo/20091008 AT 2 F 0801308102009.html

4 このころ同研究員は食品研究所の所長となっていた。

5 それまではショックをうけると逆回転してしまうことがあった。

6 共役二重結合：有機化合物の基本骨格である炭素―炭素結合の例で言えば，(1) 式の通り一対の電子を共有することにより炭素―炭素の一重結合が形成される。この一重結合に関与している電子を σ 電子（シグマ電子）という。また二対の電子を共有すると炭素―炭素二重結合が形成される。(2) 式である。この二重結合の場合，一本目の結合は一重結合の場合と同じく σ 電子であり，二本目の結合に関与している電子は π 電子（パイ電子）と呼ばれる。一重結合と二重結合が交互につながった構造を共役二重結合といい (3) 式で示される。

    (1) C—C (2) C＝C (3) —C＝C—C＝C—

    しかし，共役二重結合の場合，二重結合を形成している π 電子は，動き回っている。つまり，電流が流れる。ちなみに金属の場合は自由電子が自由に動いている。ポリアセチレンの構造は下図の通り共役二重結合（吉野，2004）。

$$\small \begin{matrix} & H & & H & & H & & H & & H & \\ & | & & | & & | & & | & & | & \\ \cdots C & = & C & C & = & C & C & = & C & C & = & C & C & = & C \cdots \\ & | & & | & & | & & | & & | & \\ & H & & H & & H & & H & & H & \end{matrix}$$

7 ファインパターンコイル（FP コイル）とは，厚膜・微細な銅配線を形成した基板状のプリントコイルのことである。携帯電話，DVD ドライブ，デジカメ等に搭載された小型・薄型機器のアクチュエータ用として主に使用されている。

8 例えば，活性物質や導電剤などを練ってペーストをつくる作業を，その機械を保有している外部の企業に委託している。コーティングやプレスなども，それぞれ設備をもっている外部企業に委託している。

9 実際に工場を建設し量産化をしたときは，これらの部品は工場内で製造した。

10 東芝は 2004 年に撤退したが，2008 年より再度参入している（『Design News Japan』2008 年 2 月号）。

11 会社として特許料については公表していない。

12 PAN（polyacrylonitrile）ポリアクリロニトリル。

13 炭素繊維は，大きく 2 種類ある。1 つは，アクリルからつくる PAN 系炭素繊維，もう 1 つは石油等からつくるピッチ系炭素繊維である。炭素繊維市場での比率は PAN 系 90%，残りがピッチ系である。

14 炭素繊維によるゴルフシャフトは 1969 年シェークスピア社のゴルフクラブが最初と述べている。（出所）http://www.patryangolf.com/history.htm，シェークスピア社ホームページ，2008 年 11 月 20 日検索。

15 初期のころは，通産省（当時）によるイーコマースシステムのプロジェクトでは，認証などセキュリティシステムを担当した。交通システム関連のセキュリティシステムも担当している。

第 5 章

分　析

この章では各機会形成プロセスの共通点を抽出し分析したものをベースに戦略策定プロセスの概念の提案を試みる。

5.1　機会形成のプロセス

（1）機会形成プロセスの全体像

実際に成功した非連続イノベーションによる新製品開発の機会形成のプロセスについてデータ収集を行った。

機会形成プロセスの共通点を分析した結果，それぞれのケースは基本的には同様の4つの Step を通して機会を形成していることがわかった。その4つの Step とは下記の通りである。場合によっては，Step 間で繰り返し反復が行われる。

Step 1：ミッションを設定する。

Step 2：市場や技術を予測し新製品開発の可能性を考えてテーマを絞り込む。

Step 3：実験などで技術の可能性を検討し，技術的に実現可能なアイデアを生み出す。

Step 4：プロトタイプの試作などにより市場の反応を学習し，市場に受け入れられるものを生み出し，機会を形成する。

　Step 1 では組織主導によって行われ，Step 2 及び 3 では技術者が自発的に行動をし，Step 4 では，組織の協力を得て機会形成に至る。

　各 Step の説明として，6 つのケースの共通点及び代表的なケースであるレンズ付きフィルムの具体的な内容を記述する。他のケースの概要については図表 5-1 参照のこと。

〈Step 1：ミッションを設定する〉

共通点：新製品開発の機会形成の最初のステップとして，5 つのケースにおいて組織がミッションを示している。クォーツ腕時計の場合は初期段階でミッションはなかった。

レンズ付きフィルムの場合：創立 50 周年を第 2 の創業と位置づけ，経営トップが新規事業開発を指示する。その一環として，新規事業開発を行う部署がつくられる。当該技術者はカラーフィルムに関する新規事業の開発の担当となる。

↓

〈Step2：市場や技術を予測し新製品開発の可能性を考えてテーマを絞り込む〉

共通点：5 つのケースにおいて，技術者が身近な情報のもとに市場や技術を予測し新製品開発の可能性を考えて，取り組むテーマを決定している。暗号アルゴリズムの場合のみ，当該技術者は新製品開発の可能性ではなく，技術的な興味から暗号解読に取り組んでいる。

レンズ付きフィルムの場合：最初は複数のテーマに取り組んだが成功はしなかった。当該技術者は子供たちが TV ゲームをしているのを見て，それまで中年男性に独占されていた写真が子供や多くの人に楽しんでもらえる方法はないかと考えていた。その時，販売担当の部長が売れ残った特殊フィルムを使用して使い捨てカメラの開発をすることを依頼してきた。同技術者は，フィルムにメカを付ける形で取り組むことを条件に引き受けた。

↓

〈Step 3：実験などで技術の可能性を検討し，技術的に実現可能なアイデアを生み出す〉

共通点：すべてのケースにおいて，当該技術者が主体となり，実験などによって試行錯誤を繰り返し，技術的に実現可能なアイデアを生み出している。

レンズ付きフィルムの場合：同技術者は社内から販売，デザイン，メカ，品質評価，生産など，それぞれ専門の違う 7 人のメンバーを集め，プロジェクトを発足させた。フィルム品質で実現可能か，あらゆる視点で検討し，実験なども行い，最終設計をまとめた。フィルム品質とは，カメラの場合は落として壊れても問題とならないが，写真フィルムは問題となる。同製品は写真フィルムの品質でつくられた。

⬇

〈Step 4：プロトタイプの試作などにより市場の反応を学習し，市場に受け入れられるものを生み出し，機会を形成する〉

共通点：すべてのケースにおいて，プロトタイプや試作品などを作成し，それに対する市場の反応を学習しながら市場に受け入れられるものを生み出し，機会を形成している。

レンズ付きフィルムの場合：初期投資はプラスチック成型のための金型の投資が主なもので数百万円であった。あとは手作りであった。どれだけ売れるのかまったくわからなかったので，投資を最小限にした。発売したところ反響が大きく，翌年本格的な生産ラインをつくることになった。

　なお，Step 1 から Step 4 で機会形成がなされるまでに費やされた期間は，レンズ付きフィルム約 2 年，健康油約 20 年，クォーツ腕時計約 13 年，リチウムイオン二次電池約 20 年，高強度 PAN 系炭素繊維約 8 年，暗号アルゴリズム約 12 年であり，平均約 12 年となる（図表 5-2）。

図表 5-1　非連続イノベーションにおける機会形成プロセス

製　品	Step 1	Step 2
	ミッションを設定する	市場や技術の予測をし新製品開発の可能性を考えて テーマを絞り込む
レンズ付き フィルム	会社の創立 50 周年にあたり，新製品開発を全社で目指す。対策の1つとして新製品開発のための部署をつくりメンバーを集める。その1つにカラーフィルムの担当があった。	当該技術者は子供たちが TV ゲームをしているのをみて，それまで中年男性に独占されていた写真が子供や多くの人に楽しんでもらえる方法はないかと考えていた。複数のテーマに取り組んだが成功はしなかった。その時，同技術者に販売担当部長が売れ残った特殊なフィルムを使用して使い捨てカメラの開発を依頼してきた。同技術者は，フィルムにメカを付ける形で取り組むことを条件に引き受けた。
健康油	経営トップが家庭用食品市場での新規事業開発を指示する。新入社員が担当のひとりとなる。同社の長年培ってきた産業用の油脂に関連するものというのが条件となる。	同研究者は多くの試行錯誤を経て 10 年目で「いため油」の製品開発で成功するが，市場が小さく新規事業としては十分ではなかった。その後，同社の副産物であるジアシルグリセロールに取り組む。ジアシルグリセロールは通常の油脂より脂肪酸が1つ少なく，消化しやすいことが想定され，その実験などを行った。そのプロセスで同物質の太らない性質が見つかる。同研究員は太らない油は市場にアッピールすると考え，それまで取り組んだ「消化しやすい」をやめて太らない性質による製品開発に取り組む。
クォーツ 腕時計	特になし。（当該技術者は入社後，諏訪工場で時計の安定性や精度向上の研究を担当する。）	同技術者は街中で，トランジスタを使用した外国企業のクロックを発見し，ショックを受ける。さらに，米国企業が，トランジスタを使用した音叉利用の電子腕時計を開発した。当該技術者はトランジスタが腕時計に非常に大きなインパクトを与えると考え研究に取りかかる。組織内では情報がないので，工場長に直訴し東京大学にできたばかりの電子工学科に国内留学することになる。
リチウム イオン 二次電池	会社の方針として機能性プラスチック分野で新規事業を目指す。新入社員を研究員として採用し，研究所の探索グループに配属し，担当させる。	同研究員は9年間3～4つの試みに失敗した後，電気を通すプラスチックのポリアセチレンに着目した。将来ポータブルの社会が来ることを予測し，それまで，多くの研究者が失敗していたリチウム二次電池にテーマを絞った。最大の課題であった電池の陰極にポリアセチレンを使用することで解決を図った。
高強度 PAN 系 炭素繊維	経営トップの方針により，画期的な新製品を開発するために，基礎研究所を設立した。当該研究員はこのとき外部からヘッドハントされた。	同研究員は，他の実験で失敗したとき，特殊な化学物質を発見した。多くの適用を検討したが，炭素繊維の製造に役立つことがわかった。同研究員は炭素繊維の事業の将来性が大きいことを自ら予測し，同テーマに取り組むことを決めた。
暗号アルゴ リズム	グループ長の方針により，暗号・誤り訂正符号分野での自由な研究環境が与えられる。当該研究員には暗号分野の研究を奨励する。	同研究員は海外研究者による（暗号の）差分解読法の論文に感銘し，暗号の研究を始める。

Step 3	Step 4
実験などで技術の可能性を検討し，技術的に実現可能なアイデアを生み出す	プロトタイプの試作などにより市場の反応を学習し，市場に受け入れられるものを生み出し，機会を形成する
同技術者は社内から販売，デザイン，メカ，品質評価，生産等7人のメンバーを集めプロジェクトを発足させた。フィルム品質で実現可能か，あらゆる視点で検討し，実験なども行い，最終設計をまとめた。フィルム品質とは，カメラの場合は落として壊れても問題とならないが，写真フィルムは問題となる。同製品は写真フィルムの品質でつくられた。	初期投資はプラスチック成型のための金型への投資が主なもので数百万円であった。あとは，すべて手作りであった。どれだけ売れるかまったくわからないので，投資を最小限にした。発売したところ反響が大きく，翌年本格的な生産ラインをつくることになった。機会発見されたときである。
同研究者はその科学的仕組みや安全性を確認し，技術的に可能なことがわかる。厚生省（当時）の特定保健用食品制度で特保を取得し，その効果について政府の認証を得た。	マーケットについては，事業部が消費者調査を行ったところ結果が否定的であった。このため，同研究者は，プロジェクトチームを組み全国の病院や保健所に研究員を送り説明させた。また，肥満学会などで発表を行った。これらに対して反響があり，限られた数を販売したところ大好評で，その後の本格的な販売につながった。
同技術者は留学後，仲間らとともに電子腕時計の開発に取り組む。最初は3つのタイプ（テンプ，音叉，クォーツ）に取り組んだ。東京オリンピックでの計測用の卓上型水晶時計の開発に成功する。これによって，技術的な可能性が十分あると判断でき，クォーツ腕時計に絞って開発を始める。	卓上型水晶時計を腕時計にするため，水晶振動子，CMOSLSI，ステップモータなどの開発に取り組んだ。CMOSLSIだけは間に合わず，シリコントランジスタ72個を使用した積層型ハイブリット回路で代用した。その結果，試作品200個のクォーツ腕時計を世界で初めて販売し，高価であったが好評を博した。この数年後，CMOSLSIが自社生産できるようになり，量産化をはじめた。
同研究員は実験などを通し，陽極にリチウムイオンを出す化合物，陰極にポリアセチレンを使用し，成功する。その後，ポリアセチレンは小型化できない等の理由から炭素を使用することにし，リチウムイオン二次電池の原型が誕生する。	試作等を通し，コストや量産化の問題を解決していった。正極の集電体には金か白金が使用されコスト高が問題であったが，研究の末，アルミ箔の使用で低コストになった。また，炭素も特殊だったため，当初は大量生産が不可能と思われたが，同様の構造をもった量産化された安価な物質を発見し，大量生産が可能となった。
同研究員とスタッフメンバーは実験を通して，性能の優れた炭素繊維とそれを製造するプロセスについて技術的に可能なアイデアを生み出した。	研究成果が社内に認められて全社プロジェクトが発足した。実証プラントがつくられ，実際に炭素繊維が製造された。当初想定されていた市場は航空機市場であった。しかし，通常認定には10年程度がかかるため，他の市場をさがすことになった。試行錯誤の末，最初に見つかったのが釣竿で，この試作品が好評で最初の機会発見となる。
同研究員は暗号解読の研究を進め，自ら新しい解読法である線形解読法を開発する。これによって20年近く世界標準であり，解読に成功したものがいなかった米国の標準暗号（DES）を初めて解読に成功する。その後，国際会議で「証明可能安全性」という考え方に出会い，これをベースに開発を進め，協力者を得て暗号アルゴリズムの原型をつくる。	本暗号アルゴリズムはDESに取って代わる位置づけにあるが，DESそのものは無償で使用されていたため，どのようにして事業化するか試行錯誤があった。原型について社内外にセールスプロモーションを行った。このプロセスでユーザ側のニーズを聞くことができ，ハードウエアの小型化に対応できる，等の特徴をもったアルゴリズムがつくられた。その後，予想外の展開で第3世代携帯電話（W−CDMA）の唯一の国際標準暗号のベースになった。

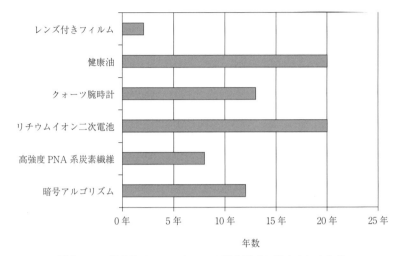

図表 5-2　非連続イノベーションの機会形成に費やされた年数

（注1）　機会形成にかかった年数とは，当該技術者が新規事業開発の探索の仕事に着手して
　　　　から，事業を立ち上げるまでの年数のことである。
（注2）　事業化期限については，レンズ付きフィルムの場合のみ5年程度の期限が想定され
　　　　ていた。他のケースは同様な想定はされていない。このレンズ付きフィルムの場合
　　　　は，機会が形成される期間が2年と他のケースと比較すると極端に短く，この事業化
　　　　期限の想定が影響している可能性は否定できない。
（出所）　筆者作成。

(2)　今回の発見の主要なポイント

　複数の非連続イノベーションの機会形成プロセスに関して最初から最後まで
を対象に体系的にデータ収集したのは今回が最初である。そのため，これに
よって初めてわかった重要なことが次の3項目にまとめられる。

　①　6つの非連続イノベーションの機会形成プロセスには，4つのステップ
　　がほぼ共通にみられた。これは今まで組織によって意図的に行うことが不
　　可能と考えられていた非連続イノベーションの機会形成について，合理的
　　に形成する確率を増せる可能性を示唆している。この可能性について，以
　　下のセクションで検討する。
　②　6つの非連続イノベーションの機会形成は組織内の企業家活動（アント

レプレナーシップ）によって行われており，研究開発に従事している技術者（以下，R&D技術者）がこの企業家活動を担っていることがわかった。ここで言う研究開発とは基礎研究から製品開発までの範囲の活動を意味している。また，企業家活動分野の先行研究が示していた機会形成に影響する企業家の事前知識（教育，経験）や学習能力のタイプについては，今回の6つのケースにおいても機会形成に大きく影響していることを示している。さらに「市場を予測する能力」が機会形成に大きな影響を与えていることがわかった。これらの詳細については次のセクション5.2で述べる。

③　先行研究では非連続イノベーションの機会形成は現場主導で行われると考えられていた。しかし，今回6ケースのうち，2件は現場主導だが，他の4件は組織の主導によるものであり，この点が，先行研究が示してきたものと大きく異なる点である。すなわち，先行研究の現場主導に対して，今回のケース・スタディの結果は組織が主導している。この組織の主導の仕方にも共通の行為があり，これらは企業家活動による機会形成を促進していることがわかった。これらの詳細については5.3で述べる。

5.2　社内企業家活動とその担い手

先行研究では，既存企業における非連続イノベーションは組織内での企業家活動によって主導されることが指摘されている（Burgelman, 1984；Tushman and O'Reilly, 1997）。

社内企業家活動の基本は，組織内で新しい資源の組み合わせによって事業機会を見出すことである（Burgelman, 1983）。この視点で，6つの機会発見のプロセスを分析すると，すべてのケースにおいて，基本的にR&D技術者が社内企業家活動を担い機会形成を導いていることがわかった。

また，本節では非連続イノベーションの機会形成のための社内企業家活動について理解を深めるために，先行研究が示した企業家活動に重要な影響を与える要素である企業家の事前知識（教育，経験）や学習能力のタイプなどの視点

から，6つのケースの社内企業家活動を分析した。これらの分析結果を以下に
示す。

（1）R&D 技術者の活動

　6つのすべてのケースにおいて，R&D 技術者が自発的に専門外の分野に飛
び込んで学習を行い，教育や経験から得られた事前知識と専門外で学習した知
識を融合させて，技術的に実現可能な新しいアイデアを生み出し，機会形成に
つながっている（図表5-3）。
　具体的な内容は次の通り。
① レンズ付きフィルム：当該 R&D 技術者の事前知識は，写真工学（学
　士）及びカラーフィルムの品質管理の実務経験である。専門外のカメラに
　取り組み，それまで存在していなかった写真フィルムを主体としたカメラ
　のアイデアを形成する。例えば，カメラは落として壊れても許されるが，
　フィルムは許されない。レンズ付きフィルムは落とされても壊れないよう
　に設計されている。
② 健康油：栄養化学（修士）の事前知識を保持していた当該技術者が，専
　門外の油脂生産の副産物として生成されるジアシルグリセロールの研究に

図表5-3 R&D 技術者[注1]の事前知識と取り組んだ専門外テーマ

製　品	事前知識 大学での専門等／経験	専門外テーマ
レンズ付きフィルム	写真工学（学士）／カラーフィルムの品質管理	カメラ
健康油	栄養化学（修士）／[注2]	油脂
クォーツ腕時計	精密工学（学士）／時計の安定性と精密性の研究	半導体
リチウムイオン二次電池	量子有機化学（修士）／[注2]	二次電池
高強度 PAN 系炭素繊維	化学（学士）／ステロイドの研究	炭素繊維
暗号アルゴリズム	整数論（修士）・コンピュータプログラミング／誤り訂正符号の研究開発	暗号解読

（注1）R&D 技術者とは研究開発に従事している技術者のことである。
（注2）健康油とリチウムイオン二次電池の担当者は入社時より新規事業開発に取り組んだため，経
　　　験を記述していない。
（出所）石井正道（2008）。

取り組んだ。同技術者の専門は当時の仲間の間ではユニークであり，他の技術者は物理特性等に着目したが，同技術者は栄養化学の視点で「食べたらどうなるか」という疑問が湧いた。この延長線上で，同物質が体脂肪をつきにくくさせることを発見し，アイデア形成とつながる。

③ **クォーツ腕時計**：当該R&D技術者にとって，大学で精密工学（学士）を学んだこと，そして数年間時計の精密性・安定性の調査研究によって得た知識が事前知識である。これらをベースに，まったく未知の半導体の知識を国内留学で得て，半導体を使用した電子腕時計であるクォーツ腕時計のアイデアを考え出した。

④ **リチウムイオン二次電池**：当該R&D技術者の事前知識は量子有機化学（修士）であり，まったく未知の二次電池に取り組む。実現が非常に困難といわれたリチウム二次電池について，従来の常識であった負極の金属リチウムの代わりにポリアセチレン（のちに炭素）を使用し，正極にリチウムイオンを発生する物質を使用した。これによって，従来の化学反応プロセスではない，電子移動の視点での二次電池のアイデアが生まれた。

⑤ **高強度PAN系炭素繊維**：当該R&D技術者の事前知識は大学で化学（学士）を学んだこと，及び化学分野（ステロイド）での研究経験である。実験中にヒドロキシエチルアクリロニトリルを発見した。同化学物質は二重結合，ニトリル基，OH基をもっており，それまではこのような化合物はなかった。当該R&D技術者は多くの用途を検討し，以前東レが試みて失敗した高強度の炭素繊維製造に役立つことを発見する。炭素繊維の知識はなかったが，高強度の炭素繊維や，その製造方法を生み出す。

⑥ **暗号アルゴリズム**：当該R&D技術者は，整数論（修士）とコンピュータプログラミングのスキルが事前知識といえる。専門外の暗号解読に取り組み，独自の暗号解読法を開発し，さらに暗号アルゴリズムのアイデアを開発してしまう。整数論は暗号の基礎となる学問であること，また，プログラミングができることで自分のアイデアをコンピュータで解読実験等ができたことが，アイデア形成で大きな役割を果たした。

　Shane（2000）は事前知識が機会形成に影響することを指摘しているが，今回においてもR&D技術者の事前知識がアイデアの内容に影響していることを示している。例えば，レンズ付きフィルムでは，フィルムの品質管理の専門家がカメラを考えたために，フィルム主体の製品が考えられた。カメラは落として壊れても許されるが，フィルムは許されない。レンズ付きフィルムは落としても壊れないように設計されており，事前知識としてのフィルムの品質管理の長年の経験が組み込まれている。このため，担当する人材の事前知識がどのようなものであるか，人材配置するときには十分に配慮しなければならない。

　また，R&D技術者はすべてのケースに共通する行為として先に指摘した「専門外に飛び込んで学習する」ことは，拡張型の学習能力をもっていることを示している。先行研究では拡張型の学習能力を保持しているほうが，機会発見しやすいとの指摘があった（Corbet, 2007）。6つのケースの場合，学習能力のタイプという視点において適材が配置されていたといえよう。

　さらに，暗号アルゴリズム以外の5つのケースのR&D技術者に共通する行為として挙げられるのが，各自が市場予測を自ら行っていることである。この予測は詳細なものではなく，ビジョンに近い大雑把なもので，最初にテーマを設定するときや，予想外の結果がでてきたときなど，そのつど判断するときに行われている。この予測については，企業家活動の先行研究ではないが，以前から，新規事業開発において「仮想的な市場（virtual markets）を想定すること」の重要性が指摘されている（児玉・玄場, 2000）。今回のケースでも，不可欠な役割を果たしている。その5つの内容は次の通りである。

　レンズ付きフィルムの場合は，当該R&D技術者は子供たちがTVゲームに熱中するのをみて，写真も子供たちが簡単に楽しめるようになる方法はないか，と考えていたことがベースとなっている。当時は，写真は中年男性が扱うものであった。

　健康油の場合は，油の物質の性質を研究していたところ，実験中にラットの中性脂肪を少なくしていることを偶然に発見した。当該R&D技術者は太らない油は市場にインパクトがあると考えた。そのため，太らない油という切り口で研究を始めている。

　クォーツ腕時計の場合も，当該 R&D 技術者が半導体は腕時計市場に非常に大きなインパクトを与えると自ら判断して，自発的に取り組みを始めている。

　リチウムイオン二次電池の場合は，当該 R&D 技術者が複数の電機メーカーを訪問したときに，ポータブルという言葉を頻繁に聞き，これからはポータブルの時代が来ると考えた。そこから二次電池の市場が大きくなることを自ら予測し，それがリチウムイオン二次電池の開発に取り組むベースとなっている。

　高強度 PAN 系炭素繊維では，実験で失敗したときに生まれた化学物質について，炭素繊維に使えることを見出した。そのとき当該 R&D 技術者が，炭素繊維の市場が大きいと自ら判断したため，炭素繊維に取り組むことを自分で決めている。このとき，高強度炭素繊維の市場が大きいと思わなければ取り組まなかったと考えられる。

(2) R&D 技術者の活動の範囲

　Ravasi and Turati（2005）は，自らの事前知識が取り組む課題と関連がないときは学習を主導することは難しいと指摘している。これは，今回の6つのケースで R&D 技術者が「専門外分野に飛び込んで学習すること」に矛盾するものではない。事前知識と専門外知識が融合して新しいアイデアが生まれるのであって，このとき事前知識が活かされることによって初めて可能となっている。

　今回の6つのケースにおいては，R&D 技術者が試行錯誤の学習を主導する期間が非連続の種類ごとに異なっていることがわかった（図表5-4）。

　最初に主導した R&D 技術者が機会形成の最後まで主導しているのは，市場が非連続なケース（レンズ付きフィルム及び健康油）の場合であった。

　技術が非連続の場合（クォーツ腕時計及びリチウムイオン二次電池）は，R&D 技術者はプロトタイプをつくるところまで主導している。これは機会形成の約9割の期間を占めている。しかし，残りの期間で，次の事業化や量産化の問題を解決するために生産技術者が主導している。この場合は，技術的に可能なアイデアがでた場合も，それを生産すること自体難しいことを示している。世界で初めての製品であるため生産方法に前例がない場合，多くの試行錯誤が

必要になる。また，狙った市場に受け入れられる価格が実現できる生産工程を
つくることも重要である（Katz, 2003）。例えば，P&G 社が使い捨ておむつ市
場に参入した時，製品のアイデアをつくりだしたのちに，市場が許容するコス
トで量産する生産方法の開発が非常に難しかった。市場が求める価格，品質等
をクリアすることが生産技術者の関与によって初めて可能となった（Katz,
2003）。このように生産技術をつくりだすこと自体が難しい場合，生産技術者
の事前知識は不可欠である。今回のリチウムイオン二次電池及びクォーツ腕時
計のケースでは，組織が生産技術者を投入するためにプロジェクトをスタート
させたり，既存のプロジェクトのメンバーを更新しなければならなかった。

　さらに，市場と技術の両方が非連続の場合（高強度炭素繊維及び暗号アルゴ
リズム）は，R&D 技術者は実現可能なアイデアを生み出すまで主導してい
る。これは機会形成の約 60〜70% の期間を占めている。この時点ではどのよ
うな市場が存在するのか誰もわからない状況である。その後の機会形成のため
の市場探索や量産化のための問題解決は，事業経験者や生産技術者らが主導し
ている。この場合は，炭素繊維のときのように 100 人以上の大規模なプロジェ

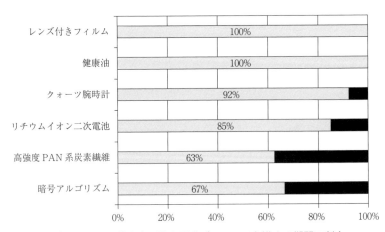

図表 5-4 R&D 技術者が機会形成プロセスで主導する期間の割合

（注）　▭▭▭は機会形成の全期間（年数）に占める R&D 技術者が主導した期間（年数）
　　の割合を示している。
（出所）　筆者作成。

クトをつくるか，暗号アルゴリズムのときのように新しく組織を立ち上げなければならなくなっている。例えば，炭素繊維の場合は，営業経験者が以前の得意先をできるかぎり訪問して売り込んだ。そのなかで唯一興味を示したのが釣り竿メーカーで，鮎釣りに使えないかという話になった。これを会社に持ち帰り，生産技術者の協力を得て技術開発を主導し，最初の高強度炭素繊維を使用した製品が生まれている。営業経験者や生産技術者の事前知識が重要な役割を果たしている。

(3) まとめ

　非連続イノベーションにおける機会形成プロセスでは，R&D技術者が社内企業家の役割を担い，試行錯誤による学習を通して資源の新しい組み合わせを行い事業機会を生み出していることがわかった。

　ただし，非連続の種類によって，R&D技術者の活動範囲が3つのパターンに分類できることがわかった（図表5-5）。

　市場が非連続の場合は，R&D技術者が機会形成の全期間を主導している。技術が非連続の場合は，R&D技術者がプロトタイプを作成するところまで主導するが，量産化や事業化の段階では生産技術者が主導している。また，市場及び技術が非連続の場合は，R&D技術者は技術的に実現可能なアイデアを生

図表5-5　非連続イノベーションの3つの機会形成パターン

機会形成パターン	非連続のタイプ	製品	R&D技術者が企業家活動を主導した範囲	補充人員*
パターン1	市場が非連続	レンズ付きフィルム／健康油	機会形成の最初から最後（機会形成期間の100％）	なし
パターン2	技術が非連続	クォーツ腕時計／リチウムイオン二次電池	プロトタイプ作成まで（機会形成期間の80〜90％）	生産技術者
パターン3	技術及び市場が非連続	高強度PAN系炭素繊維／暗号アルゴリズム	実現可能なアイデアまで（機会形成期間の60〜70％）	事業経験者，生産技術者

（注）　＊補充人員とはR&D技術者の代わりに企業家活動を主導した人。
（出所）　著者作成。

み出すところまで主導するが，その後は事業経験者や生産技術者らが主導して
機会を形成している。

5.3　社内企業家活動に影響を与える組織要因

　先行研究では，非連続イノベーションの機会形成は個人（individuals）によ
る主導と考えられており，基本的に組織（organization）が関与しないとして
いる（Reid and de Brentani, 2004）。そして，組織が関与するのは，現場で生
まれた機会を吸い上げ，組織の正式な戦略とするときであった（Burgelman,
2002；Christensen and Raynor, 2003）。しかし，今回のケース・スタディでは，
ほとんどのケースにおいて組織が最初の段階から関与していることを示してい
る。ここにおいて，組織が機会形成に関与するというのは，前節で発見した
「社内企業家が試行錯誤による学習を通して資源の新しい組み合わせを行い事
業機会を生み出す」ことに影響を与えるということである。

　ここでは，6つのケースにおいて機会形成のための社内企業家活動を促進す
る組織の共通行為が存在した。それらは，①ミッションを設定する，②組織環
境を整える，③高い自由度を与える，④学習により市場を把握する，⑤特定の
能力をもった人材を配置する，である。

　以下，これらの共通行為が社内企業家活動にどのように役立ったのかを分析
した。

(1)　ミッションの設定

　経営上層部が新製品開発の方針を明確に示し事業機会形成に重要な影響を与
えたのは，高強度 PAN 系炭素繊維，リチウムイオン二次電池，レンズ付き
フィルム，健康油の4つである。暗号アルゴリズムは中間管理職による研究の
奨励が事業機会形成の糸口となっている。クォーツ腕時計の場合は，最初は技
術者が自発的に行動を起こしている。以下，これらの具体的な内容を説明す
る。

　高強度 PAN 系炭素繊維の場合は，1962 年の創立 35 周年において，当時の

田代社長が基礎研究をベースとした新製品開発の方針を明確にしている。当時同社長は次のように述べている。

　　「東レは現在，ナイロンとテトロンによって急成長しつつあるが，この成長は外国からの技術導入に多くを負っている。しかし，今後は，外国からの技術導入はしだいに困難となり，たとえ導入できてもその条件は今までよりも厳しくなることが予想され，われわれが成長し続けるためには，基礎研究によって，全く新規な成長ラインの製品を製造しなければならない。」（東レ，1997, p.367）

　この方針のもと基礎研究所が設立され，中途採用された当該技術者が高強度PAN系炭素繊維に取り組んだ。なお，同社長の「技術の研究・開発こそ，事業繁栄の基礎だ」とする考えは，歴代社長に受け継がれ，研究開発を重視し，技術革新をいち早く取り入れる社風を定着させたといわれている（山路，1998）。

　レンズ付きフィルムの場合は，1980 年に石油ショックによる銀価格の高騰，翌年ソニーがフィルムを必要としない電子スチルカメラ（デジカメの元祖）を開発するなどの状況のなか，1980 年に就任した大西社長のもと，創業の精神に戻って危機を乗り越えようとした。1984 年は創業 50 周年にあたり，同社長はこの年を「第 2 の創業」の年と位置づけて，Vision-50 という経営目標を示した。これは，企業体質の強化と成長の確保に重点を置くもので，同社が進むべき基本方向として次の 4 つを挙げている。①世界市場での地位の向上，②技術革新の強力なる推進，③変化に耐え適応できる企業体質づくり，④活力ある社内環境づくり，である。②の技術革新の強力なる推進には，次の柱となる新規事業の開拓が含まれており，「新しい市場を創造していこう。新製品をタイムリーに市場に提案していこう」ということが全社的な行動指針として掲げられていた。この方針を反映して，本社営業技術部に商品開発を専門とする部署が設けられ，同部署に全社から集めた商品プランナーのなかにレンズ付きフィルムを開発することになる技術者がいた。

　健康油の場合は，1975 年から 76 年にかけて，花王は丸田社長のもとに新しい経営理念を設定し，1976 年の組織改革を転機として，事業のいっそうの拡

大へと動き始めていた（花王，1993）。健康油の開発はこの新しい経営理念の
もとで行われている。その基本理念とは，「創造性の重視」「人間性の尊重」
「消費者の優先」の３つである。

　1976年に組織改革が行われ５本部体制になったが，丸田社長自ら研究開発
本部長に就任しており，研究開発重視の体制に移行した。このような研究・技
術開発の重視は，具体的には経営の多角化の足場を固め，洗剤・シャンプーへ
の依存から脱却しようとする経営方針を，如実に示したものであった。そし
て，花王の蓄積してきた経営資源としての研究陣，流通チャンネルを活かして
多角化することが当面の方針とされていた（花王，1993）。その一環として，
丸田は家庭用食品市場への進出を考えていた。健康油の開発はその成果といえ
よう。

　リチウムイオン二次電池の場合は，当時の旭化成が石油化学分野への足場を
つくるために築いた旭ダウのもとで1972年に当該技術者の新規事業開発の取
り組みが始まっている。旭化成は当時，宮崎輝社長が1961年に就任し，精力
的に多角化を進め新規事業開発を推進していたころである（旭化成，2002）。
同社長は，技術開発力の有無は企業の死命を制する重要な問題と認識している
（宮崎，1992）。会社の上層部による機能性プラスチックに関するもので新規事
業開発せよ，という指令のもとに，当該R&D技術者が事業機会形成のための
活動を始めている。

　暗号アルゴリズムの場合は，暗号に取り組んだのは経営上層部の主導による
ものではなかった。同社は以前より研究開発においては積極的に取り組んでき
た（三菱電機，1986）。しかし，暗号への取り組みは，経営上層部や研究所の
トップによる主導で動いた研究ではなかった。1980年代，三菱電機の情報総
合研究所の符号伝送グループは誤り訂正符号と画像圧縮を扱っていたが画像圧
縮の仕事が他のグループに移った。そのため，当時のグループ長が将来成長し
そうなテーマは何かということを考え，暗号を選んだのである。これは研究所
の所長や，会社の経営上層部に言われたのではない。当時の部課長の助言によ
り，前グループ長が自身の判断で決めたものだ。経営上層部は，同社が業界の
トップレベルの地位を占めている事業分野（例えば，当時アンテナ）において

は，市場などからも情報を得ることができ，どのような技術が今後伸びるかは
ある程度推測できたが，事業をあまりしていないような分野の技術については
判断材料をもっていなかった。当時，三菱電機は通信やコンピュータ分野は強
くなかったため，経営上層部は同分野でどのような技術が伸びるかという判断
はできなかった。よって，同グループ長は研究者だからこそ暗号の将来性を判
断でき，取り組むことにしたのである。この判断が，暗号アルゴリズムの開発
につながっていく。

　クォーツ腕時計の場合は，経営上層部が主導したのではない。半導体が置時
計に使われ始め，また，音叉電子腕時計が開発などのニュースを受けて，若手
技術者がリーダーシップを取って対応を始めた（セイコーエプソン，2004）。
ただし，その後東京オリンピックへの全社プロジェクトの一角に位置づけら
れ，会社のミッションのもとにクォーツの競技計測用携帯クロックの開発が行
われ，クォーツ腕時計開発の大きな弾みとなっている。

　経営上層部のミッションは組織全体に大きな影響を与えた。このミッション
によって，人材が採用され，または登用され，特定の組織環境がつくられ，高
い自由度が与えられたのである。

　また，経営上層部によるミッションの提示は，当該R&D技術者が組織内で
行動がしやすくなる，という意味でも非常に重要であった。レンズ付きフィル
ム以外は10年前後またはそれ以上の長い期間かかるものであり，ミッション
なしには活動を続けられなかったであろう。レンズ付きフィルムの場合は，
ミッションのおかげで社内の協力がとりやすく，関連部署からメンバーを集め
てプロジェクトをスタートさせるのも容易であった。

　しかし，経営上層部のミッションのなかった暗号アルゴリズムの場合は，い
わゆるグループ長が壁となって部下である当該R&D技術者に自由に研究に取
り組ませている。経営上層部のミッションと同様の状況をつくりだしている。
当時の日本企業では，このようなことを中間管理職がやろうと思えば可能な余
地があったと思われる。しかし，このような状況は，現在の日本企業の多くで
は，成果主義の普及もあり難しくなっていると考えられる。

クォーツ腕時計の場合は，最初は個人の主導であったが，かなり早い段階で会社の東京オリンピックへの対応のためのプロジェクトのなかに位置づけられ，会社からバックアップされていた。

(2) 組織環境の整備

6つのケースすべてに，いわゆる日常業務から隔離された組織環境が与えられている。Galbraith（1982）によれば100万回目の仕事を上手にこなす組織は，初めてのことを行うのは上手ではない。6つのケースにおいても，当該R＆D技術者には日常業務から隔離された環境が与えられており，彼らの機会形成を大きく促進している。

高強度PAN系炭素繊維の場合は，当時，中央研究所が工場に近接していたため，工場の日常的な課題が持ち込まれ，画期的な製品開発に取り組めなかった。そこで，経営者の強いリーダーシップによって新たに工場地域から離れた場所に基礎研究所を設立し，日常業務から研究を隔離することを行っている。

健康油の場合も距離的に日常業務から離れた場所で新事業開発に取り組んだ。当該技術者は「鹿島研究所は遠くはないが，東京から離れている，という絶妙な位置であった。時間の流れがゆっくりしていた。そのため，新規事業の立ち上げに適していた。東京に行き商品化がどんどん進んでいるところをみると，あせりを感じた。もし，同じ場所（東京）にいたならば，新規事業に取り組めたかわからない」と述べている。

クォーツ腕時計の場合も，東京の本社から遠く離れた諏訪の工場に配属されたのが幸いし，本社からのプレッシャーがなく，自分の好きなことができる環境に置かれ，日常業務に煩わされることがない状況であった。

日常業務からの隔離の方法は，距離だけではない。レンズ付きフィルムの場合は，本社ではあるが，1つの新規事業開発の部署がつくられ，メンバー全員が新規事業開発を担当した。そのため，日常業務は持ち込まれなかった。リチウムイオン二次電池の場合も，当該技術者は研究所の探査研究グループに配属され，日常業務から隔離された。そこで，機能性プラスチックに関連する事業を試行錯誤で探し回るのである。

　暗号アルゴリズムの場合は，前述したように経営上層部は関与していない。この場合は，いわゆるグループ長の努力によって，日常業務から隔離した状況をつくっている。同グループは誤り訂正符号と暗号の 2 つに取り組んでいた。グループ長は誤り訂正符号だけやっていたらグループの将来はないと考え，暗号は将来のための投資という位置づけであった。このため，誤り訂正符号については，グループ長を含めた 4 人程度で事業部から多くの仕事を受注して研究予算を確保し，他の 3 人には暗号の研究を自由にやらせたのである。つまり，グループ長の力量の及ぶ範囲で，3 人を日常業務から隔離させて，暗号に取り組ませたのである。

　以上のように，6 つのケースで日常業務から隔離される組織環境が与えられており，試行錯誤学習による機会形成に，プラスの影響を与えたと考えられる。

（3）高い自由度の供与

　6 つのケースすべてにおいて組織は当該技術者に高い自由度を与えている。当該技術者はミッションなどによって設定された範囲内で，自由にテーマ選択ができた。また，同範囲内で活動が自由であり実験などによって技術的可能性を検討することもできた。今回の「範囲内で自由にテーマを設定」という自由度のレベルは，河野（1986）が示す研究開発の自由の度合スペクトラム（図表5-6）において①まったく自由，と①´15% 原則（就業時間のうちの 15% を自由に扱えるという意味）の間に位置し，かなり高いものと考えられる。

　Kanter（1988）は，仕事の範囲が狭く設定されたときよりも広く設定されたときのほうがアイデアは生まれやすいと指摘しており，今回の 6 つのケースにおいて当該技術者らが与えられた広い仕事範囲は機会形成のもととなるアイデアの形成にプラスの影響があったと考えられる。また，この仕事範囲内で当該技術者は自発的に活動を行っているが，過去，複数の研究が，自主性と創造性の間には正の相関があることを示している（Paolillo and Brown, 1978；Pelz and Andrews, 1966；etc.）。自主性というのは問題へのアプローチの仕方に自由度を与える，そして問題への自由なアプローチは専門能力や創造的思考能力

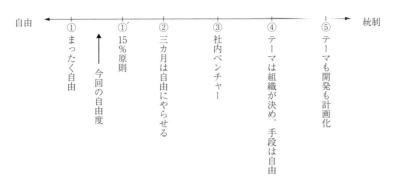

図表5-6　研究開発の自由の度合スペクトラム

(出所)　河野（1986）をベースに作成した。

を最大限引き出すと考えられている（Amabile, 1998）。

　各ケースを詳しく分析してみる（図表5-7）。

　高強度PAN系炭素繊維において，当該研究者の所属していた基礎研究所は「新しい合成繊維や合成物質及びその新合成法の発見」を目的としていた。この目的の範囲内で当該研究者は自由にテーマ設定ができた。ナイロンの生産プロセスの研究をして失敗したときに発生した化学化合物を発見し，それを炭素繊維に適用したところ高強度炭素繊維の開発につながったのである。このように，新プロセスと新合成物質の発見が仕事の範囲であったことが幸いし，その範囲内で自由に研究者の判断でテーマを変更できる状況が，高強度炭素繊維の開発につながっているのである。

　暗号アルゴリズムは，当該R&D技術者が所属していたグループの守備範囲内である誤り訂正符号と暗号の分野なら，研究テーマを自由に設定できる状況であった。当該R&D技術者は誤り訂正符号の担当であったが，同じグループ内で暗号が扱われていたため暗号に関する情報が豊富にあった。そのなかで，暗号解読についての論文があり，当該R&D技術者はそれに感動して，自発的に暗号研究に取り組むことを決める。これが，暗号アルゴリズムの開発につながっていくのである。この場合も，グループの守備範囲が誤り訂正符号と暗号の2つであり，そのなかで自由に活動できたことが幸いしている。

図表 5-7　当該技術者の仕事の範囲

製　品	仕事の範囲
レンズ付きフィルム	カラーフィルム分野の新製品開発
健康油	家庭用食品分野で油脂関係の新製品開発
クォーツ腕時計	時計の理論，時計の安定性と正確性の研究
リチウムイオン二次電池	機能性プラスチック関係の新事業開発
高強度 PAN 系炭素繊維	新しい合成繊維や合成物質及びその新合成法の開発
暗号アルゴリズム	誤り訂正符号及び暗号分野の研究

（出所）筆者作成。

　リチウムイオン二次電池の場合は，機能性プラスチックに関する分野なら研究テーマを自由に設定できた。新入社員のときから新規事業開発に取り組んだが，数回の試みがすべて成功せず，9年目に伝導性プラスチックに取り組んだことが，リチウムイオン二次電池の開発につながる。「機能性」の範囲が広かったことがこの取り組みを可能にしている。

　レンズ付きフィルムでは，当該技術者はカラーフィルムでの新製品開発が担当範囲であった。当該 R&D 技術者はこの範囲内で，社内の資源に基本的に自由にアクセスできる状況であった。あるとき，営業部長から売れ残りが出た特殊フィルムを使って簡易カメラの開発の依頼があったが，自分の担当ではないのでカメラ担当に依頼してくれと最初は断った。しかし，当該 R&D 技術者から，フィルム主体でメカを付ける形でなら引き受けると提案した。これが，レンズ付きフィルムの開発につながっている。この場合は，当該 R&D 技術者が社内資源に自由にアクセスできる立場にあり，多くの人と交流するプロセスで，今までになかった機会形成につながったと考えられる。

　健康油の場合は，家庭用食品で油脂に関係するもの，というのが担当範囲であった。当該 R&D 技術者は初期のころは，ジアシルグリセロール（油脂の一種）の消化のしやすさに注目し研究を進めていたが，途中でラットが太らないことを発見し，太らない油というアイデアがうかんだ。自らの判断で，太らない油の研究を始め，健康油の開発につながる。

　クォーツ腕時計の場合は，当該 R&D 技術者の担当は，時計の理論であり，

安定した精度の高い時計をつくるにはどうすればよいかを研究することであった。職場は自由に仕事をやらせてくれる状況であり，半導体について大学に戻って研究することを工場長に直訴できる環境であった。これがクォーツ腕時計のアイデア形成の始まりとなる。

　テーマを技術者自身で設定することができることは，いろいろなアプローチを試みることを可能とし，機会形成の可能性を上げていると考えられる。また，実験まで自由に行えることは，実験などで失敗に終わっても，次にまた新しいテーマに取り組むことが容易にでき，失敗を恐れず試行錯誤を行うことを促す効果があったと考えられる。
　事業化期限については，レンズ付きフィルムの場合のみ5年程度の期限が想定されていた。他のケースは同様な想定はされていない。このレンズ付きフィルムの場合は，機会が形成される期間が2年と他のケースと比較すると極端に短く，この事業化期限の想定が影響している可能性は否定できない。

(4) 学習による市場の把握
　6つのケースにおいて，プロトタイプや試作品を市場に投入し，それらに対する市場の反応を学習しながら実際の市場のニーズを把握して，市場に受け入れられるものを生み出している。文字通り試行錯誤による学習である。この行為によって，最終的に機会が形成されており，重要な役割を担っている。ただし，試作品作成の役割がケースによって異なっている。市場が非連続な高強度PAN系炭素繊維，暗号アルゴリズム，レンズ付きフィルム，健康油の4つに関しては，市場の反応をみて市場ニーズを判断していった。
　代表的な例として，健康油のケースがある。健康油の開発に見通しがついたころに従来の市場調査を行ったが，消費者は買わないという結論であった。しかし，研究者らは病院や診療所に科学的データを示して説明し，また，学会などで効果を発表し，売り込みを試みた。この結果，まだ売り出していない健康油について会社に問い合わせがくるようになった。比較的に少ない数量を製造販売して市場の反応を見た結果は好評で，大ヒットの商品となった。このケー

スは，前例のない初めての商品は市場の反応から学ぶことが重要であることを
示している。

　レンズ付きフィルムの場合は，まず，どの程度売れるかわからなかったの
で，初期投資はプラスチックボディの金型の数百万円だけで，あとは手作りに
した。これによってリスクを回避したのである。また，どの消費者層が買って
くれるのかも予想がつかなかった。最初に販売するときのパッケージについて
意見が分かれている。第1号の発売のとき，3種類のパッケージのレンズ付き
フィルムを発売した。1つは花柄系（女性用），2つ目はヘビーメタル系（若者
用），3つ目は大西社長が提案した「写真フィルムのパッケージ」である。営
業は写真フィルムのパッケージは売れないと主張した。しかし，実際に売れた
のは写真フィルムのパッケージで，他の2つを圧倒していた。購買者層は若
者，女性にとらわれず，広範囲のものであり，大ヒット商品となったのであ
る。

　高強度 PAN 系炭素繊維の場合は市場を把握する前に，先に炭素繊維をつ
くってしまった。航空機というターゲットはあったが，認定作業が10年程度
かかるものだったため，他に用途を探さなければならなかった。試行錯誤で釣
竿，ゴルフシャフト，テニスラケットが見出されていった。特に，ゴルフシャ
フトやテニスラケットは予想外で，米国の UCC 社に売ったサンプルが米国の
メーカーに配布され，それがベンチャー企業によって用途が開発されたのであ
る。

　一方，技術のみが非連続であるクォーツ腕時計やリチウムイオン二次電池に
ついては，プロトタイプや試作品はコストや量産化のための課題の抽出と対応
という役割をしており，技術的な可能性を検討することに役立っている。

(5)　特定の能力をもった人材の配置

　6つのケースのうち，ミッションが設定された4ケースにおいては最初の段
階で，組織によって新しい人材が新規事業開発要員として配置されている。2
ケースが新入社員，1ケースが中途採用，1ケースが社内の異動である。

　これらのケースに共通するのは，自発的に活動でき，拡張型の学習能力を

もっていることであり，また市場予測能力をもっていることである。事前知識の視点でみると，2ケースがそれまでにいなかった専門をもった人材であり，他の2ケースはそれまでも専門だが特に非常に優れた専門能力をもっている人材であった。このため，上述した大変自由な組織環境のなかでR&D技術者は市場予測能力のもとに自らの判断で行動し，既存の課題にそれまでになかった事前知識を組み合わせたり，従来の事前知識をもってまったく新しい課題に取り組み，知識を組み合わせて機会を形成した。

　さらに，非連続イノベーションの種類が，技術が非連続のとき（パターン2）と，市場と技術が非連続のとき（パターン3）は，プロジェクトの後半や終盤に組織が企業家活動を主導する人材を新たに配置し機会形成に成功している（これらの具体的な内容は，前のセクションの図表5-5を参照のこと）。これらのことは，企業家活動を担う人材の配置において，組織には大変重要な役割があり，効果的に企業家活動による試行錯誤の学習を推進し，機会形成を推進させることができることを示している。

(6) まとめ

　6つのケース共通に見られる，機会形成を促進する組織的な行為を抽出し，具体的にどのように機会形成に関わっているのかを分析してきた。

　これによると，機会形成を促進する組織的な行為はその効果の内容から3つのグループに分けることができる。

　　[行為A]　新しい資源の組み合わせができるように影響を与える。取り組む
　　　　　　　分野，採用する人材（事前知識，学習能力のタイプなど）を決め
　　　　　　　る。
　　[行為B]　組み合わせが可能となるように当該技術者に試行錯誤をさせる組
　　　　　　　織環境を整える。
　　[行為C]　市場に受け入れられる価格や品質のものをつくりだすための，人
　　　　　　　材配置及び市場学習の仕組みを取り入れる。

　これらを図表5-8にまとめた。これが示すように，組織の行為は，それぞれ機会形成の促進に大きな影響を与えていることがわかる。

図表 5-8　社内企業家による機会形成を促進する組織行為

組織の行為	行為の内容		企業家活動への影響	
		[A] 新しい資源の組み合わせの内容に影響を与える	[B] 当該技術者の試行錯誤を促進する	[C] 市場に受け入れられるものを促進する
①ミッションを設定する	新製品開発の指示		◎	
	取り組む分野の設定（分野の内容）	◎(注1)		
	同　上（分野の広さ）	○	◎	
②組織環境を整える	日常業務からの隔離		◎	
③高い自由度を与える	テーマ設定の自由	○	◎	
	失敗しても次のテーマを設定できる	○	○	
④学習によって市場を把握する	試作品を市場に出し反応で顧客ニーズを見つける		○	◎
⑤人材を配置する	R&D 技術者　自発的に行動できる能力		◎	
	市場を予測してテーマを設定する能力	◎	◎	
	事前知識（今までなかったもの，または高度なもの）	◎		
	専門外の分野に飛び込んで学習する能力	◎	○	
	生産技術者，事業経験者(注2)　熟練の生産技術者や事業を経験した人材			◎

（注1）　◎は特に強い関係を示す。
（注2）　技術が非連続の場合，技術と市場が非連続の場合については生産技術者や事業経験者の配置が必要となる。
（出所）　筆者作成。

　以上の結果は，機会形成のための社内企業家活動にプラスに影響する組織行為があることを示しており，戦略策定プロセスの検討に大きな意味をもつ。具体的には，いわゆる現場に任せたボトムアップの創発的プロセスを使用するのではなく，組織が介入して機会形成を促進する意図的プロセスの側面も重要になっていることを示している。

5.4　非連続イノベーションの戦略策定プロセスの概念の提案

　ここでは，機会形成と戦略策定プロセスの関係，競争力と戦略策定プロセスの関係，について分析し，その上で非連続イノベーションの戦略策定プロセスの概念を提案する。

(1) 機会形成と戦略策定プロセス

　従来の戦略策定プロセスでは，最初に複数の事業機会を見出すことができ，自社の強み弱み，そして競争相手や市場の動向などより，戦略を策定することができる。事業戦略の3つの要素の「どのような製品・サービスを（以下，何を）」「どのような顧客に（以下，誰に）」「いかに提供するか（以下，どのように）」についてプロジェクトのスタート時に選択肢が複数ある。

　しかし，非連続イノベーションは，今回のケース・スタディが示すように不確実性が非常に高く，事業機会を形成すること自体が非常に難しい。事業機会形成に平均10年以上の試行錯誤が行われている。そして，非連続イノベーションでは，機会形成のために課題を解決していくのがやっとで，事業機会を形成したときには，事業戦略の3つの要素「何を」「誰に」「どのように」に選択の余地がなく，これらの内容が決まってしまい，自動的に戦略が生まれていることを，今回発見することができた。

　具体的な内容を示すことにする。

　健康油の場合，スタート時点で決まっていたのは次の通りである。「何を」については，家庭用食品分野ということは決まっていたが，具体的にどのよう

なものかはまったく決まっていなかった。また，「誰に」についても何も決まっていなかった。「どのように」については，当該企業が工業用油脂で長年技術の蓄積があるので，それを使うことが決まっていたが，もちろん詳細は決まっていない。

　結果的に「どのように」については，比較的早く，機会形成の10数年前に副産物のジアシルグリセロールを使うことに決めていた。「何を」については，マウス実験で偶然ジアシルグリセロールの太らない特徴がわかったことから研究が始まり，機会形成の数年前に特定保健用食品制度に認定されるなどして，太らない油に決まっている。

　しかし，「誰に」がわかり事業機会が形成されたのは，最初に販売され予想外に売れたときである。この直前では，事業部は消費者調査の結果に基づき，通常の油の5倍の価格がする健康油は「誰」も買わない，という結論を出していた。すなわち，市場が認識されていなかったのである。売ってみて初めて市場が顕在化して事業機会が形成され，同時に「誰に」がわかったのである。このように，健康油の開発では，機会が形成されたと同時に，戦略の3つの要素が明らかになっているのである。

　リチウムイオン二次電池の場合は，最初の時点で，「何を」については機能性プラスチックに関するもの，ということが与えられていたが，具体的に何を開発するかは自分で見つけなければならなかった。「どのように」については，本業である材料を製造することが予想されていたと考えられる。「誰に」についてもまったくわからなかった。

　リチウムイオン二次電池の原理を発見し，「何を」についてはめどがついたが，コストや量産化の問題の解決に時間がかかった。「どのように」については最後まで問題であった。自社で生産するか，ライセンシングするかである。結局，両方することになっている。自社生産については最後まで試みたができず，電池メーカーと組んで生産することで，市場に出せる価格と品質の電池ができるようになった。このとき初めて機会が見出せたといえ，同時に戦略の「何を」「誰に」「どのように」の3つの項目が明確になったのである。

　クォーツ腕時計の場合は，最初の時点では何も決まっていなかった。「ど

ように」というところだけ，自社の本業である時計そのものであるから，半導体を使ったいわゆる電子腕時計を自社生産することであった。「何を」については，初期のころは3つの選択肢（テンプ，音叉，クォーツ）があり，決めることはできず，並行して取り組んでいった。始めてから数年後にオリンピックでのクォーツクロックの成功があって，クォーツに絞り込んだが，技術的にはまだできるかどうかはわからなかった。発売の一年前でも技術的に可能かどうかがわかっていなかった。価格もどうなるかわからなかったため，「誰に」もわかっていない。機会が見出せたのは，最初に発売したときで，当日も値段が二転三転するというハプニングがあった。最終的に価格は当時の車1台分という，常識はずれのものであった。技術的にも，最初に売った時計は手作りでしかできず，2年で壊れすべて返品された（もちろん修理して対応した）。技術的にもぎりぎりのところであった。

　以上の例のように，非連続イノベーションの場合は機会が形成されたときに，事業戦略の3つの要素「何を」「誰に」「どのように」に選択の余地がなく，これらの内容が決まってしまい，自動的に戦略が生まれているのである。

(2) 競争力からみた戦略策定プロセス

　事業戦略の3つの要素は，機会が形成されたときに自動的に決まることを示した。一方で，初期の段階で組織は「何を」については広い分野を示し，「どのように」についてもある程度幅をもって示している。いわば，この2つの要素について基本的な方向を示しているのである。共通に見られるのは，自社の強みやビジネスシステム（井上，2003）を活かせるように「何を」「どのように」について方向を設定していることである。これによって，開発の効率が上げられるとともに，開発される製品の競争力に大きな影響力を与えていると考えられる。

　例えば，花王の健康油のように，最初から自社が長年経験している油脂に関連するものとしている。これによって，原料となる油脂生産の副産物であるジアシルグリセロールの性質や生産方法についての知識や施設が備わっていたため，研究開発の効率を上げることができた。また，開発後も品質やコストの研

究開発を継続して行うことができ，競争優位を維持しやすい状況であった。

　高強度 PAN 系炭素繊維も，本業のアクリル繊維を使っているからこそ，強度を含め品質向上のための研究開発や製造技術の向上を図ることができ，競争力を維持することができている。ちなみに，アクリル繊維のつくりかた自体がオープンになっておらず，韓国や中国などによる追い上げを難しくしている。

　リチウムイオン二次電池の場合は，電池メーカーが失敗していたリチウム二次電池の開発を，素材メーカーであるために保有していた素材についての高い能力によって成功することができている。しかし，電池生産自体は本業ではなく，継続して研究開発を行う能力がないため，最終的にはライセンシングをしている電池メーカーに負けてしまう。その一方で，リチウムイオン二次電池のセパレーツ素材は本業の素材生産であるため，継続して開発が行える体制があり，長年市場をほぼ独占し高い利益を上げている。

　レンズ付きフィルムの場合は，当該企業は写真フィルムとカメラの両分野が本業であり，この2つを融合したレンズ付きフィルムの開発は，蓄積された技術力をベースに非常に効率よく行われた。第1号を発売した後も，毎年のように新製品を出し続けることができた。さらに，生産システムも本格的なリサイクルシステムをいち早くつくり上げるなど生産効率及び品質について継続的に開発が行われ，競争力を維持してきた。

　クォーツ腕時計の場合は，腕時計の生産能力が開発に不可欠の役割を担っている。また，特許を公開した後も他社をリードできたのは，自社の商品開発能力によるところが大きい。水晶を含めほとんどの部品を自社で開発していたため，新製品を他社に先駆けて出していくことができ，しばらくの間競争力を保つことができた。

　暗号アルゴリズムの場合は，いわゆる MISTY 開発後も同社研究所に暗号の研究開発を継続して行う部門が存続し，暗号技術においては業界トップクラスを保つことができている。同社の提供するセキュリティ商品の開発には常に貢献している。

(3) 非連続イノベーションの戦略策定プロセスの概念

　今回のケース・スタディによる発見をベースに，効果的な非連続イノベーションの戦略策定プロセスの概念を提案する。ただし，この提案は次の第6章で考察し，第7章で最終案を提示する。

非連続イノベーションの効果的な戦略策定プロセスの概念

1．非連続イノベーションの戦略策定プロセスとは社内企業家活動による機会形成を組織がコントロールするプロセスである。機会が形成されると同時に戦略が策定される。
2．非連続イノベーションの機会形成は，それまで組織ができなかった資源の新しい組み合わせによって生み出される。非連続イノベーションの機会形成は，社内企業家によって長期間の試行錯誤による学習を通してつくりだされるものである。
3．機会形成は組織による3つの行為グループによって促進される。
　［行為A］　新しい資源の組み合わせができる確率を高めるために，取り組む分野，採用する人材（事前知識や学習能力のタイプ），を決める。
　［行為B］　新しい資源の組み合わせが可能となるように当該技術者に試行錯誤学習をさせる組織環境を整える。
　［行為C］　市場に受け入れられる価格や品質のものをつくりだすための，人材配置及び市場学習の仕組みを取り入れる。
4．機会形成を促進させるための組織の具体的な実施項目は次の通りである。
　①　ミッションの設定：取り組む分野の設定*と画期的な製品開発の指示を行う。
　　＊取り組む分野の設定方法は，開発効率や生まれてくる新製品の競争力に大きく影響することを考慮に入れる。自社の生産能力やビジネスシステムが使える場合は有利である。
　②　組織環境の整備：当該技術者に，日常業務から隔離されている状況をつくる。
　③　高い自由度の提供：当該技術者がテーマを設定し，実験などによって実現可能なアイデアを生み出す活動が自由に行えるようにする。
　④　試作品による市場ニーズを学習する仕組みづくり：プロトタイプや試作品の作成などによって，市場の反応から学習して対象市場を抽出する仕組みをつくる。

⑤　特定の能力をもった人材の配置：自発的に活動する能力，自ら市場や技術
　　を予測し新製品開発の可能性を考えてテーマ設定する能力，専門外分野を学
　　習する能力，そして，必要な事前知識，を保持している人材を当該技術者と
　　して配置する。技術のみが非連続，市場及び技術が非連続の時は必要に応じ
　　て生産技術者や事業経験者を配置する。

　先行研究が示している非連続イノベーションの戦略策定プロセスは現場主導
の創発的プロセスであった。今回示した戦略策定プロセスは組織が積極的に介
入する組織主導のプロセスであるため，「意図的に創発をコントロールするプ
ロセス」と呼ぶことにする。

　次の第6章では，先行研究と本研究の提案する戦略策定プロセスがなぜ異な
るのかについて考察することにする。

第6章

考　察

　今回の研究結果と先行研究を比較して考察する。

（1）非連続イノベーションにおける学習

　先行研究では，非連続イノベーションの戦略策定プロセスは現場主導の創発的プロセスが適していると指摘していたが，本研究が示しているのは経営上層部が主導している「意図的に創発をコントロールするプロセス」である。

　非連続イノベーション分野の先行研究と比較して，本研究の示す戦略策定プロセスの概念が大きく異なるのは，機会形成における学習をどう認識しているかという点に関係してくる。ここでは，まず，本研究がケース・スタディによって見出した機会形成における試行錯誤学習について記述する。

　技術進歩を学習過程としてとらえることは技術進歩を理解する上で非常に重要であり，これまで技術進歩においては Learning-by-Doing や Learning-by-Using などが研究されてきた（児玉・玄場，2000）。Learning-by-Doing は製品をつくればつくる（Doing）ほど，その製品をつくることに関する学習効果によって，コストが低減されることである（Arrow, 1962）。もう1つの Learning-by-Using は，顧客がその製品・システムを長期間にわたって使用した場合，その製品の作り手に製品改善のための情報をもたらし，その学習効果によって，製品のレベルが向上するというものである（Rosenberg, 1982）。

　今回の6つの非連続イノベーションで重要な役割を果たしている学習は社内

企業家による試行錯誤学習（Trial and Error Learning）である。試行錯誤学習は高い不確実性と複雑性を伴うイノベーションに有効な学習方法の1つであり，通常「計画されていないもので，次々に現れてくる情報に対してプロジェクトの活動や目標を調整していくこと」と定義されている（Sommer and Loch, 2004）。また，試行錯誤学習は，イノベーションの理解向上に使用する試みが行われている（Nelson, 2008）。

試行錯誤学習は技術のブレイクスルーに多く見られる（Sommer and Loch, 2004）。また，いわゆる技術移転（Inkpen, 2008）などにも観察されている。もちろん，社内企業家活動にも観察されている（Garud and Van de Ven, 1992）。

非連続イノベーションにおける試行錯誤学習に特徴というものはあるのだろうか。

本研究における非連続イノベーションの6つのケースの試行錯誤学習においては，これまでに指摘されていない共通の特徴がみられる。それは，6つのケースすべてにおいてR&D技術者がまったくの専門外分野へ飛び込んで試行錯誤学習し，まったく新しい事業機会を生み出していることである。共通に見られる専門外分野とは，R&D技術者にとっては仕事を変えるくらいの大きなインパクトがあるレベルの異なる分野である。例えば，暗号アルゴリズムで活躍したR&D技術者はそれまで，誤り訂正符号を扱っていたが，技術的な興味から暗号の分野に飛び込んだ。それから何度も，誤り訂正符号に戻ろうか真剣に悩んでいる。また，今回の6つのケースには入っていないが，同じく非連続イノベーションであるDNAシーケンサーを開発した日立の技術者も，以前取り組んでいた質量分析の研究をなかなか断ち切れず，新しい分野に取り組んでから5年程度は並行して新旧2分野の研究を行っていた（石井，2005）。これらは，大きな決断が必要なほど異なる分野に飛び込んでいることを示している。また，専門外分野といっても自らの事前知識が有効に使える分野を選択していることも共通している。これによって，Ravasi and Turati（2005）が指摘するように，機会形成のための学習を主導することができているのである。

　6つの非連続イノベーションのケースでは，このまったく異なる分野に飛び込んで学習し，自分の事前知識と結合させてアイデアや知識を生み出して非連続イノベーションの機会を形成している。同様のパターンが創造性研究分野においても見られ，複数のアイデアを結びつけて新しいアイデアを生み出すことを創造的思考能力と指摘している（Amabile, 1996）。「創造性とは新規で社会に有用な作品を生産する能力である」と定義されており（Sternberg, 1999），画期的な製品が生み出される非連続イノベーションにおいては，創造性が発揮されていると考えられ，同様の知識生産のパターンが観察されてもおかしくはない。

　このため，R&D技術者が行った「専門外分野における試行錯誤学習」は非連続イノベーションによる新製品開発や新規事業開発の源の活動と考えられる。

　先行研究のモデルと今回のモデルとの違いは，この学習に関する認識の違いからくると考えられる。それについて次に述べる。

(2)　機会形成における学習に関する認識の違い

　代表的な先行研究のモデルでは，非連続イノベーションにおいて現場主導で企業家活動が自発的に行われて事業機会が発見され，中間管理職が取り上げ経営上層部を説得し，全社の戦略になるプロセスが示されている（Burgelman, 2002）。先行研究が主張しているのはアイデアは組織に豊富にあることである（Christensen and Raynor, 2003；etc.）。これが前提になっている。そのため，組織はいかにこれらのアイデアを発見して取捨選択するか，その方法を提案している。例えば，レンセラー工科大学の提案では，技術者が技術的な興味で出したアイデアを，市場をよく知っているマネジャーが機会を認識するというパターンを示している。そしてハブを組織的につくってアイデアを集め評価選択することを提案しているのである（Leifer et al., 2000）。また，クリステンセンらは組織内に上席役員を配置し，そのもとにチームをつくって，そこが全社からアイデアを吸い上げるようにする。これらのアイデアを取捨選択し，良いものには事業計画を作成するようにするとしている（Christensen and Raynor,

2003)。

　すなわち，これらの従来のモデルでは，機会を形成する試行錯誤学習というものを扱っていないのである。

　一方，本研究は，組織が意図的に試行錯誤学習を促進させ，機会形成に積極的な役割をしていることを発見したのである。具体的には，経営上層部は最初にミッションを与え，環境をつくり，人材を選び，長期間フルタイムで自由な試行錯誤による学習を許し，機会形成を促進していたのである。

　例えばレンズ付きフィルムの場合では，経営上層部による新製品開発のミッションのもと，自由な試行錯誤が可能な部署をつくり，人材を選び，部門を越えて社内資源への自由なアクセスを許している。この結果従来の体制ではできなかった写真フィルムとカメラの知識を融合することが可能となった。

　高強度 PAN 系炭素繊維では，経営トップのリーダーシップのもとで画期的な新製品開発を目標とした研究所を建設し，人材をリクルートした。出てきたアイデアについて全社プロジェクトをつくって実証プラントを建設した。また，米国企業と業務提携した。機会発見はこれらの活動の成果によって初めて可能となった。経営上層部の積極的な介入があったからこのような資源を使うことが可能となったのである。

　健康油では，トップの家庭用食品の新製品開発という明確なミッションのもとに，それまでにいなかった専門の人材を採用し，日常開発から隔離された場所に異動させ，高い自由度を与え，長い年月試行錯誤をさせている。このような経営上層部の積極的な介入によって新しい事業機会を生み出しているのである。

　リチウムイオン二次電池の場合も，経営上層部の指示のもと，量子有機化学というそれまでにほとんどいなかった専門の人材を投入し，日常業務から完全に隔離されたグループに所属させ，新規事業開発の探索のためほとんど自由な活動をさせている。これによって，それまで同社が取り組んだことがなかった二次電池に取り組み，電池メーカーがまったく考えたことのなかったアプローチで新しい事業機会が生まれたのである。

　以上のように，経営上層部の介入によって既存の体制では不可能であった社

内外の資源の組み合わせによる機会を生み出すことを可能にしている。

　既存モデルに近いものは暗号アルゴリズムで，機会形成にかかったほとんどの期間，自発的な企業家活動が主体となっている。このときは，技術的に可能な画期的なアイデアが研究グループ主導で生まれた。ただし，この場合も研究グループには，それまでいなかった高度な専門をもった研究員が配置され，非常に自由な環境が与えられ，同研究員が専門外分野に飛び込んで試行錯誤学習をすることにより技術的に実現可能なアイデアを生み出している。前述の経営上層部が介入したときとほぼ同じ条件が，人材及び組織環境でつくられている。さらに，それに研究所のトップが目をつけ，事業化を目的としたセンターをつくり，新しく人材を配置している。

　以上のように，本研究で見出したのは，機会形成における社内企業家による試行錯誤学習の重要性とそれを促進する組織の役割である。

　これらのケース・スタディの結果，試行錯誤学習を重視したモデルを提案している。本研究の提案しているモデルは，組織が介入して試行錯誤学習を促す意図的なプロセスの部分を明確にもっているのである（図表6-1）。

　機会の種類によって，マネジメントのあり方が異なってくることを示したのは，Alvarez and Barney（2007）である。機会形成で学習の伴わないもの，すなわち，以前からあるものを見つける，という発見理論に基づいたマネジメントと，機会形成に学習を伴うもの，すなわち，自分で機会をつくりだしていく創造理論に基づいたマネジメントは，大きく異なるというものである。今回のモデルと従来モデルの比較は，まさにこの創造理論と発見理論の二分法が適用できる。それぞれの機会形成の見方が大きく異なり，そしてマネジメントの方法も異なっている。

　前述のレンセラー工科大学の，ハブを組織的につくってアイデアを集め評価選択する提案（Leifer et al., 2000）や，クリステンセンらの組織内に上席役員を配置し，そのもとにチームをつくって，そこが全社からアイデアを吸い上げるという提案（Christensen and Raynor, 2003）は，組織の各メンバーが従来の仕事の枠組みのなかで可能な資源の組み合わせによって新しい事業機会を見つけ出したものである。すなわち，組織は各メンバーに新しく試行錯誤による

140

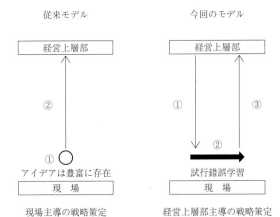

従来モデル　　　　　　　　今回のモデル

図表6-1　非連続イノベーションの戦略策定プロセス：従来モデルとの比較

(解説)
　従来モデル（創発的プロセス）
　　ステップ①　現場主導で機会のアイデアが生まれる。
　　ステップ②　組織が取捨選択し、経営上層部が採用して正式な戦略となる。
　　特徴：試行錯誤学習を考慮に入れていない。事業機会のアイデアは組織内に豊富
　　　　　にあるという前提に立っている。
　今回のモデル（意図的に創発をコントロールするプロセス）
　　ステップ①　経営上層部が主導して人材を配置し、組織環境を整える。
　　ステップ②　現場が試行錯誤学習を行い機会が生まれる。
　　ステップ③　経営上層部が採用して正式な戦略となる。
　　特徴：試行錯誤学習に重点を置いている。
(出所)　筆者作成。

学習の場を与えているわけではない。

　これら、先行研究の提案するやり方でも、例えば、インテルのマイクロプロセッサーのようにボトムアップの創発的プロセスをとって、事業機会を拾い上げることができる。よって、先行研究の示す創発的プロセスで非連続イノベーションを生み出すことも不可能ではない。

　一方で、今回提案しているモデルは、組織が介入して、特定の能力（事前知識、学習能力）をもった人材を配置し、組織環境を整え、組織内の資源に自由にアプローチできるようにし、従来の体制では不可能であった新しい資源の組み合わせが試行錯誤の学習を通して可能となるようにするものである（図表

6-2)。結果として，従来の創発的モデルと比較して非連続イノベーションの事業機会のアイデアが生まれる確率を増やすことが期待できる。

　わが国における社内ベンチャー制度について，今回の提案したモデルと比較する。非連続イノベーションを生み出すことは必ずしもその目的ではないが，新規事業開発を目指して社内企業家活動を扱っているマネジメントの代表的なものは社内ベンチャー制度である。この社内ベンチャー制度では，社内から事業計画を募集し，審査後にプロジェクトとして発足するものである。このとき，事業計画書には事業概要，事業目標，市場分析等が盛り込まれる（大滝，2006）。すなわち，すでに事業機会がわかっている状況に対応する仕組みである。この場合も，提案者が従来業務の範囲内で使える資源によって機会形成を行っていると考えられる。この社内ベンチャー制度と比べて，本書の提案したモデルのほうが，従来業務で活用できなかった資源を活用できるようにし，また，試行錯誤による学習を可能として，新しい資源の組み合わせによる機会を

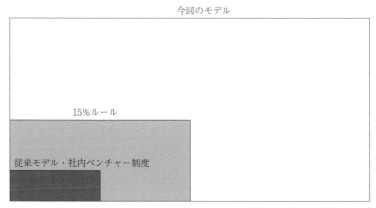

図表6-2　試行錯誤学習の範囲：従来モデル・社内ベンチャー制度，15％ルールとの比較

（注1）　R&D技術者が機会形成にアプローチできる資源の範囲を比較している。面積の大きさ自身に正確性はない。
（注2）　従来モデルと社内ベンチャー制度は日常業務でアクセスできる資源を組み合わせることによって機会を形成する。15％ルールは日常業務のうち15％分の時間を自由にでき，その分新しい資源にアクセスできる。今回のモデルは日常業務から離れて多くの資源にアクセスして機会を形成する。
（出所）　筆者作成。

生み出す可能性を広げられ，非連続イノベーションの生まれる確率を増やすことが考えられる（図表6-2）。

　別の言い方をすれば，現在わが国で普及している社内ベンチャー制度の考え方は，試行錯誤学習を奨励することを考慮に入れたものではなく，非連続イノベーションを生み出すに適しているとは考えられない。

(3) 非連続イノベーションの戦略策定プロセスと雇用システム

　本項では，他の視点から先行研究が示す戦略策定プロセスと今回のものが大きく異なった理由を考察する。それは雇用システムである。従来のモデルは主に米国で形成されたものであり（Burgelman, 1984），米国モデルといえる。

　本研究がケース・スタディの対象にしたのが6つの日本企業のケースである。本研究の戦略策定プロセスの概念では，組織の介入がポイントだが，その介入は，人材の配置と組織環境づくりの2つから成り立っている。この人材の配置で雇用システムが大きく影響してくる。

　日米の技術者の間では，転職状況が大きく異なる。例えば，日米の工学部出身者を比較すると，大学卒業後10年後に同じ会社に残っている人は日本が85％，米国が27％となっている（石井他，1993）。卒業してから20年後には，同数値が日本81％，米国17％となっている（図表6-3）。今回の日本のケースの試行錯誤による機会形成にかかる平均年数は12年であり，期間からだけでも今回のモデルは米国では適用が難しいことが考えられる。

　一般的に，日本では終身雇用制が主流で組織への忠誠心が高く，米国では仕事への忠誠心が高い（河野，1979）。米国では，技術者は専門分野において成果を積み重ねていかなければならない。そのため，先行研究が示すように，米国では技術者は技術的な興味によってアイデアを生み出すと考えられる。一方で，日本の場合は，技術者は組織が求める成果を出すために全力を出す。例えば，今回のケースの1つである健康油の場合は，当該技術者は料理教室にまで行っている。自分の研究者としての専門能力を向上させるためではなく，組織からのミッションである新製品開発のヒントを得るためである。

　この結果，非連続イノベーションの企業家活動の担い手も変わってくる。米

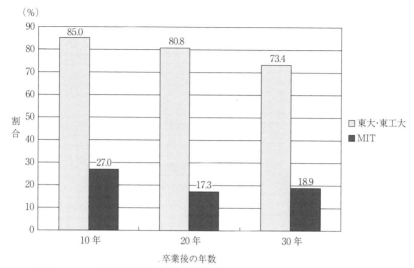

図表 6-3 工学部卒業生 最初に就職した企業に残っている率の日米比較

（注）対象は，日本は東京大学と東京工業大学，米国は MIT の 1960，1970，1980 年の全工学部卒業
生を対象にしたアンケート調査の結果に基づき作成されている。
（出所）石井他（1993）をベースに筆者が作成した。

国の先行研究では，第一線の R&D 技術者は技術的な興味でアイデアを生み出
すのが役割であり，市場を把握して事業機会を見出すことはできない（Leifer
et al., 2000；etc.）。そのため，現場マネジャーが R&D 技術者が出した複数の
アイデアを融合し，そして市場と結びつけ機会を見出しており，社内企業家活動
の重要な役割を担っている（Burgelman and Sayles, 1986；Burgelman, 2002；
Leifer et al., 2000；etc.）。これらの先行研究は米国企業を対象にしたものであ
る。
　しかし，今回の日本企業を対象とした6つのケースによる発見はまったく異
なる。第一線の R&D 技術者自身が市場を考えて取り組む課題を見つけ，本人
自身が他の分野の専門と自分の専門を融合してアイデアを形成していき，市場
と融合させ事業機会を形成する。第一線の R&D 技術者が社内企業家活動を
担っているのである。
　これは，自分の専門外に飛び込んでいくのは技術者本人の自発性や学習能力

も重要な役割を果たしているが，雇用が保障されているため専門に固執しなくてもよいことも重要な影響を与えていると考えられる。レンズ付きフィルムでは，フィルムの品質管理が専門の技術者を新製品開発の部署に異動させることができるのも，専門家としてのキャリアから見ればマイナスだが，終身雇用制だから可能なのである。

　これは非連続イノベーションには限定していないが，Pinchot（1985）によると社内企業家を活かす方法として，組織が彼らに高い自由を与えることと，報酬によるインセンティブを与えることの重要性を指摘している。高い自由を与えることは今回の研究結果も指摘していることだが，高い報酬を与えるインセンティブは今回の結果に存在していなかった。日本では，特別な報奨制度が効果があるかは不明である。従業員は内発的動機づけによって活動していると考えられており（高橋，2004），特別な報酬がなくても社内企業家として働く可能性があると考えられる。これも，雇用の仕組みの違いからくるものと考えられる。

　米国では，かなりのリスクを冒して，社内企業家活動を行っていると考えられる。長い時間をかけて失敗するより，ほどほどにリスクを冒さないで通常の仕事をしている人のほうが高い報酬をもらえるからだ（Pinchot, 1985）。今回日本の6つのケースの場合，機会形成に平均12年間かかっているが，他の通常業務を行っている人間と同じように評価されている。すなわち，まだ結果の出ていないときでも，通常どおりに昇進していっている。これは終身雇用の仕組みが支えていると考えられる。

(4) 機会形成パターンと技術者のキャリア志向性

　米国モデルでは，技術者が技術的なアイデアを生み出し，それを現場マネジャーが市場と結びつけるという1つのパターンしか指摘されていない（Leifer et al., 2000；etc.）。今回の日本の6つのケース・スタディは3つのパターンがあることを示した。それは，最初に主導するR&D技術者の活動範囲が非連続性の種類別に3種類あることから生じている。市場のみが非連続の場合，R&D技術者の活動範囲は機会形成の最初から最後まで企業家活動を行っ

ており，米国モデルとまったく異なる。技術のみが非連続の場合，R&D 技術者は最初からプロトタイプの作成まで企業家活動を行い，その後は生産技術者が主導している。これも，米国モデルとは大きく異なる。市場と技術が非連続の場合，R&D 技術者は技術的に実現可能なアイデア作成まで主導し，その後は事業経験者や生産技術者が主導する。これは，米国モデルに近いものである。

　なぜ，このように米国と日本と異なるパターンがあるのであろうか。その原因は，当該技術者のキャリア志向の違いから生じるものだと考えられる。

　米国では，R&D 技術者にとってキャリアラダーは基本的にマネジリアル・ラダーとテクニカル・ラダーの 2 つが考えられる（Allen and Katz, 1986）。そして，テクニカル・ラダーの場合は博士号を取得していない者はテクニシャンとして扱われ，テクニカル・ラダーを昇ることはできない（Allen and Katz, 1992）。このため，米国の非連続イノベーションにおいては，テクニカル・ラダーを目指している R&D 技術者だからこそ，博士号をもち専門性を高めるために技術的な興味でアイデアを生み出すということになると考えられる。

　一方，日本の場合は，R&D 技術者のキャリアは 4 つあることが観察されている。それは，オーガナイズ志向，事業化志向，エンジニアリング志向，リサーチ志向，である（田路，2008）。

　今回の日本の非連続イノベーションの 3 つのパターンはこの多様なキャリア志向によって説明することができる。

　個人のキャリア志向性を定義するときに，日本の人事制度の理解の上で検討する必要がある。日本の研究開発組織では，マネジメントの職を望むかどうか，適性があるかどうかにもかかわらず，年齢とともにラダーを昇り，立場上管理職の役割を果たさなければならない状況を踏まえ，マネジリアル・ラダーに昇りたいかに関係なく，どのような役割をして組織に貢献したかで志向性を判断する方法が提案されている（田路，2008, pp.25–26）。ここでは，この考え方を取り入れ，今回の 6 つのケースを分析した（図表 6-4）。

　これによると，今回の非連続イノベーションのうち R&D 技術者が機会形成の最初から最後まで主導したケースでは，同技術者は事業化志向であった。健

図表 6-4　非連続性の種類と R&D 技術者のキャリア志向性との関係

機会形成パターン	非連続のタイプ	R&D 技術者のキャリア志向性(注)	R&D 技術者の活動範囲	技術の種類
パターン 1	市場が非連続	事業化志向	機会形成の最初から最後まで主導	既存技術の応用
パターン 2	技術が非連続	技術開発志向	プロトタイプまで主導	組織外で生まれた先端技術の応用
パターン 3	技術及び市場が非連続	基礎研究志向	実現可能なアイデアまで主導	組織内で生まれた基礎研究成果の応用

(注) キャリアの志向性はどのような役割をして組織に貢献したかで判断した (田路, 2008)。
(出所) 筆者作成。

康油を主導した R&D 技術者はその後，同製品を扱う事業本部長となっている。また，レンズ付きフィルムの R&D 技術者は，開発後，レンズ付きフィルム事業部の担当部長として同製品開発を退職まで担当している。これらの技術の特徴は既存技術の応用ということである。

　R&D 技術者がプロトタイプまで主導したケースでは，同技術者は技術開発志向であった。技術開発志向は田路 (2008) の「エンジニアリング志向」に相当するもので，組織内での役割の内容から，「技術開発志向」が適していると判断した。クォーツ腕時計を主導した技術者は開発後も会社全体の技術開発をリードし，技術開発部門のトップを務めた。リチウムイオン二次電池を主導した技術者は，その後も電池材料分野で技術開発をリードし，また，フェローとなっている。これらの技術の特徴は組織外で生まれた先端技術の応用である。

　R&D 技術者が実現可能なアイデアまで主導したケースでは，同技術者は基礎研究志向であった。基礎研究志向とは田路 (2008) の「リサーチ志向」に相当するもので，組織内での役割の内容から，「基礎研究志向」が適していると判断した。炭素繊維を主導した R&D 技術者は，その後も基礎研究所で研究主幹として退職まで活動した。暗号アルゴリズムを主導した R&D 技術者は，その後も研究所で研究者として活躍し研究部の次長となっている。これらの技術の特徴は，組織内で生まれた基礎研究成果の応用である。

　これらの３つのパターンが意味しているのは，R&D 技術者のキャリア志向

性によって生まれてくる非連続イノベーションの内容が大きく異なってくることである。キャリア志向性が試行錯誤学習の範囲や内容を決め，生まれてくるアイデアの内容に大きく影響すると考えられる。さらに重要なのは，米国の先行研究では，日本の3番目のパターンしか見られないことである。1番目，2番目は，米国の非連続イノベーションの研究では示されていない（Burgelman and Sayles, 1986；Leifer et al., 2000；etc.）。これらの2つのパターンは，終身雇用制だからこそ生まれてきた可能性がある。米国の場合は，テクニカル・ラダーを昇るのには博士号が必要であり，R&D技術者はかなりの専門志向である。人材流動性から，他の会社にいっても通用するようなキャリアを志向している。

　日本の1番目，2番目のパターンで働いているのは，博士号取得の基礎研究者ではない。また，保有している能力は他社を渡り歩いていくような専門性はない。しかし，自社の開発では非常に重要な役割を果たすものである。そして，今回のケースではこのような役割を担っているR&D人材にも平等に出世へのラダーが存在していることを示している。このように，保有している技術の専門レベルに関係なく，組織に貢献したかどうかでラダーを昇れるのが日本のシステムである。そのため，既存技術の応用のパターン1，先端技術の応用のパターン2についても，優秀な人材が製品開発に取り組み，米国にはないパターンで非連続イノベーションが生まれる可能性が存在すると考えられる。

　ここで面白いのは3M社のケースである。本書の第2章2.3の(3)で示した3M社のマスキングテープの事例は1人の基礎研究者ではない営業を行っている技術者が2年程度試行錯誤の末，生み出したものであり，今回のパターン1に入るものである。3M社は，米国では珍しく終身雇用であり（日経ビジネス，1998），このことは，雇用システムの違いが非連続イノベーションの起こり方に異なるパターンを生み出すという本研究の指摘を裏付ける事例となろう。

　終身雇用制は，社内人的資源のコントロールという点に限って言えば，流動性の高い労働市場より上であり，この点をうまく活用することで，非連続イノ

ベーションを生み出しやすい状況をつくれる可能性がある。

　今まで，非連続イノベーションの戦略策定は意図的プロセス対創発的プロセスの軸で検討されてきた。しかし，今回の研究結果でわかったことは，雇用システムや技術者のキャリアを考慮に入れなければ，非連続イノベーションの効果的な戦略プロセスは示すことができないということである。

(5) 非連続イノベーションの機会形成における生産技術者の役割

　今回の6つのケースのなかで，技術が非連続のときは，最終段階で生産技術者が社内企業家活動の重要な役割を担っている。ただし，暗号アルゴリズムはソフトウエアのため，R&D技術者のあとリーダーシップをとったのは生産技術者ではなく，事業経験者であった。

　非連続イノベーションのマネジメントを扱っている研究では，生産技術の重要性を扱っているものはほとんどない（Leifer et al., 2000；Tushman and O'Reilly, 1997；etc.）。ましてや，生産技術者の重要な役割に言及したものは見当たらない。

　しかし，今回扱った技術的に非連続な4つのプロジェクトのうち，3つにおいて，R&D技術者では，市場が受け入れる価格や品質のものを生み出せなかったということである。すなわち，生産技術者がいなければ事業機会を生み出せなかったのである。

　彼らの知識やノウハウのもとに試行錯誤して，市場に受け入れられるものがつくられるのである。事業機会は新しい資源の組み合わせから生まれるが，この生産技術者の事前知識というのは，不可欠な資源なのである。

(6) イノベータのジレンマについて

　第1章1.3で前述したように，非連続イノベーションにより新規事業が創出され，既存企業がそれを達成するのを持続的イノベーションといい，その事業が新規参入企業により達成され，既存企業が駆逐されてしまうのを破壊的イノベーションという。この破壊的イノベーションのときに起こる現象がイノベータのジレンマである。

　今回の6つのケースのうち，自社の産業に非連続イノベーションを起こして持続的な成長を達成したのは，レンズ付きフィルムとクォーツ腕時計の2ケースである。また，他産業へ非連続イノベーションを起こして，その産業の企業に破壊的な影響を与えたのは，健康油，リチウムイオン二次電池の2つである。残りの高強度PAN系炭素繊維と暗号アルゴリズムは，両方の要素を持ち合わせている。

　ここでは，最初の2つのケースは，もし，他社が先に非連続イノベーションを行っていたならば自社に破壊的な影響を及ぼしたと考えられる。逆に言うと，実際には，自社が先に開発することに成功し，いわゆるイノベータのジレンマを防いだことになる。イノベータのジレンマは従来の顧客の要望への対応に終始して至ってしまうものである（Christensen, 1997）。

　レンズ付きフィルムは，既存フィルムメーカーである富士写真フイルムが開発し，それまで写真は中年男性が独占していたものであったのを，女性を含む他の層に拡大し，フィルムへの需要を飛躍的に増やした。同社のトップメーカーとしての地位を盤石にした。また，クォーツ腕時計は時計メーカーであったセイコーが開発し，スイスの時計メーカーを駆逐し世界の時計メーカーへと飛躍させた。

　この2ケースでイノベータのジレンマを防げたのは，技術を発展させる学習プロセスに原因があると考えられる。イノベータのジレンマは顧客の要求を聴き技術を発展させる学習プロセスで，Learning-by-Usingである。一方，これらイノベータのジレンマを防いだ2ケースの学習プロセスはTrial and Error Learningである。これは，技術者が自らの市場見通しによって試行錯誤で技術を開発する活動である。すなわち，学習という視点でみると，他社からの破壊を防げたのは，自社内で技術者にTrial and Error Learningを活発に行わせた企業なのである。

　このことは，今後，企業がイノベータのジレンマを防ぐには，組織内での技術者によるTrial and Error Learningが有効な手段の1つであることを示唆している。

第7章

結　論

7.1　まとめ

（1）本研究の概要

　非連続イノベーションは画期的な製品や事業を生み出し，企業に競争優位を
与えるものであり，非常に重要である。本研究は企業が非連続イノベーション
を生み出す確率を向上させるために，意図的プロセス対創発的プロセスの視点
から非連続イノベーションに関する効果的な戦略策定プロセスの概念を検討し
ている。

　研究手法としては仮説検証を目的とした統計的手法ではなく，探索による理
論形成を目的とした複数ケース・スタディ手法を適用した。通常，同手法は，
①先行研究レビューに基づく課題の抽出と研究の問いの設定，②サンプルの選
択，③データ収集の実施，④ケース間相違点抽出のためのクロス分析，⑤変数
間の関係抽出と理論の提案及び考察，からなっており（Eisenhardt, 1989），本
研究もこれに従った。

　先行研究では，非連続イノベーションによって新規事業や新製品を生み出す
戦略は創発的プロセスが適切とされていた。すなわち，現場で社内企業家が機
会を発見し，それを中間管理職が見出して，経営上層部へ提案するというボト
ムアップのプロセスを示している。

　しかし，今までは，非連続イノベーションの機会がどのように形成されるか

十分理解されていなかった。機会形成がどのように行われるかということを把握することは，効果的な戦略策定プロセスを検討するためには不可欠なことである。そこで，本研究では過去成功した6つの非連続イノベーションに関してケース・スタディを実施し，非連続イノベーションの機会形成が実際どのように行われているのかを把握した。その結果，R&D技術者が社内企業家活動を行い，専門外分野での試行錯誤学習を通して機会形成を行っていることを発見した。また，先行研究ではR&D技術者の社内企業家活動について1つのパターンしか示されていなかったが，本研究では3つのパターンを発見している。さらに，組織が複数の方法で機会形成を積極的に促進していることを見出した。先行研究が指摘していたのは組織が介入しない創発的プロセスであったが，今回の発見は組織の介入によって非連続イノベーションの機会形成の確率を増やすことが可能だということを示している。これらの結果を踏まえて，非連続イノベーションに効果的な戦略策定プロセスとして「意図的に創発をコントロールする戦略策定プロセス」の概念を提案した。また，本研究が示したモデルと先行研究のモデル（米国型）が異なった理由として，機会に関する認識の違いと雇用システムの違いを指摘した。

　本研究では，これらの検討内容を次のステップで記述した。

　第1章では，本研究の目的と対象を明確に記述した。
　目的は非連続イノベーションの戦略策定プロセスの概念を提案することである。通常企業活動に関する戦略には，経営戦略と事業戦略があるが，事業戦略に限定した。また，事業開発は内部志向と外部志向があるが，内部志向に限定している。非連続イノベーションの定義を「技術のS字カーブまたは市場のS字カーブを新たに生み出すイノベーション（技術または市場の非連続性を生み出すイノベーション）」とした。
　第2章では，関連研究分野の先行研究をレビューし，残された課題と本研究の位置づけを明確にした。
　本研究では，非連続イノベーション，経営戦略，企業家活動，の3つの研究領域において先行研究のレビューを行った。

　非連続イノベーションの研究領域では，先行研究は，事業機会のアイデアは
組織内に豊富に存在し，そのなかからいかに取捨選択するかが重要であるとい
う認識のもと，ボトムアップで発見された事業機会をいかに事業化するかに研
究の重点が置かれていた。そのため，先行研究では，非連続イノベーションの
機会がどのように発見されたのかについて十分な知見が得られていないことを
示した。

　経営戦略の研究領域では，非連続イノベーションの戦略策定プロセスは，意
図的プロセス対創発的プロセスの視点で検討されていることを示し，現時点で
は，先行研究は非連続イノベーションには創発的プロセスが適しているとして
いることを示した。さらに，意図的プロセスか創発的プロセスかを判断するた
めに機会形成のあり方が重要な役割を果すことを説明した上で，機会形成が十
分理解されていない現在は，非連続イノベーションの戦略策定プロセスの検討
を十分に行えない状況であることを指摘した。

　戦略研究の流れとしては，価値を生み出すことが戦略の目的として近年重要
視されるなか，価値創造の重要な要素としての企業家活動と戦略との融合分野
の研究が注目されつつあり，両分野の交流が期待されている状況を指摘した。
本研究は，この流れに位置づけられている。

　企業家活動の研究領域では，これまでは機会が発見された後の活動に研究が
集中していたが，近年，機会発見に関する企業家活動についての研究も活発に
なっている。企業家の性格という研究課題から離れ，企業家の知識などを扱う
ことによって研究に進歩が見られるようになった。最近提示された重要な知見
は，企業家の事前知識（教育や経験），そして学習能力のタイプが機会形成に
大きな影響を与えることであった。また，企業家による機会形成のプロセスが
時系列に分析され，試行錯誤による学習プロセスが非常に重要であることが示
された。また，学習をさらに強調して，機会は最初からは存在せず企業家がつ
くりだすものであるという創造理論が提案されている（従来は，機会は最初か
ら存在し企業家がそれを発見すると考えられていた）。本研究では，これらの
企業家活動分野の先行研究の知見を，非連続イノベーションにおける社内企業
家による機会形成プロセスの実態把握のときに使用している。

　第3章では，本研究が採用する研究手法を説明した。

　本研究では探索に適した複数ケース・スタディ手法を使う。非連続イノベーションを対象にした複数ケース・スタディによく使われる考え方は次の通りであり，本研究ではこれを採用している。

①　非連続イノベーションの不確実性は非常に高い。そのため，正しいマネジメントでも成功率が低く，間違えたマネジメントでは成功する確率はほとんどない。

②　複数の非連続イノベーションの成功プロジェクトの違いを最大にし，個々の特異性をコントロールする。大きな違いにもかかわらずプロジェクト間に共通のマネジメント行為があれば，その共通行為と成功の間に何らかの関係が存在する。

　よって，本研究では6つの成功した非連続イノベーションを対象にケーススタディを実施し，そのケース間の共通点を見出して分析を行うというのが基本的な研究の進め方である。このため，サンプル選択は同じ種類の製品がないようにした。それらの製品の種類は，家庭用食品，写真フィルム，電池，時計，ソフトウエア，繊維である。また，3つの非連続タイプ（市場が非連続，技術が非連続，技術及び市場が非連続）から各2サンプルを選択している。

　第4章では，6つのケースについて，研究の問いに従って，時系列に機会形成プロセスがどのように行われたかを記述した。

　第5章では，6つのケース・スタディについてクロス分析を行い戦略策定プロセスの概念を提案している。

　最初に，機会形成プロセスに共通のパターンが存在し，合理的に非連続イノベーションの機会形成の確率を上げられる可能性を示した。その共通パターンとは次の通りである。

Step1：ミッションを設定する。

Step2：市場や技術を予測し新製品開発の可能性を考えてテーマを絞り込む。

Step3：実験などで技術の可能性を検討し，技術的に実現可能なアイデアを生み出す。

　　Step 4：プロトタイプの試作などにより市場の反応を学習し，市場に受け入れ
　　　　　られるものを生み出し，機会を形成する。
（各 Step 間で反復が存在する）

　Step 1 では組織主導によって行われ，Step 2 及び 3 では技術者が自発的に行
動をし，Step 4 では，組織の協力を得て機会形成に至る。この活動をさらにブ
レイクダウンすると，基本的に R&D 技術者が社内企業家活動を行っているこ
とがわかった。当該技術者は自ら市場予測して取り組むテーマを決定してい
る。また，自分の専門外の分野に飛び込んで試行錯誤による学習をし，自分の
事前知識（教育と経験）と融合させて新しい機会を生み出している。社内企業
家による機会形成プロセスに組織が介入する共通の行為が発見された。それ
は，①ミッションの設定，②高い自由度の供与，③学習による市場の把握，④
特定の能力をもった人材の配置，である。これらの組織の介入によって社内企
業家の機会形成プロセスを促進していることがわかった。

　ただし，人材配置には 3 つのパターンがあることを発見した。社内企業家と
しての R&D 技術者の活動範囲が非連続の種類ごとに 3 つのパターンがあり，
それごとに人材配置が異なっている。具体的には，市場のみが非連続な場合
は，最初から機会が形成されるまで，R&D 技術者が社内企業家活動を担って
いる。技術のみ非連続な場合，R&D 技術者はプロトタイプをつくるところま
で主導し，残りの期間は生産技術者が主導する。市場と技術が非連続の場合
は，R&D 技術者は実現可能なアイデアを生み出すまで主導し，残りの期間は
事業経験者と生産技術者が主導する。この 3 つのパターンがあり，人材配置に
おいて組織の介入の仕方が異なることを示した。

　さらに，機会形成と戦略策定プロセスの関係を分析した。これによると，非
連続イノベーションの場合，機会を形成したときには事業戦略の構成要素「誰
に」「何を」「どのように」に選択の余地がなく，戦略がほとんど自動的に決
まってしまうことがわかった。

　ただし，組織は最初に当該技術者に取り組む分野や手段を指示することによ
り，「何を」「どのように」については方向性を設定している。この方向性は，
自社の資源やビジネスシステムを活用させるもので，つくりだす機会の内容や

新製品の競争力に大きな影響を与えている。

　これらの分析が意味しているところは，先行研究では非連続イノベーション
を生み出すのに適した戦略策定プロセスは創発的プロセスであったが，今回の
結果は組織が介入して機会形成を促進させる意図的な要素を含むプロセスが適
していることを示している。以上の結果をまとめて非連続イノベーションの戦
略策定プロセスの概念「意図的に創発をコントロールするプロセス」を提案し
た。ただし，次の第6章で考察を行い一部変更して，第7章で最終案を提案し
ている。

　第6章は，第5章で提案した概念について，先行研究との比較を行い考察し
た。

　先行研究の提示しているのは現場主導の創発的プロセスであり，今回提案し
ている組織主導による意図的に創発をコントロールするプロセスと大きく異な
る。違いが生じる要因として，2つの要素を考察している。

　違いが出る要因の1つは，機会に関する認識の違いである。先行研究のモデ
ルにおいては，非連続イノベーションの機会のアイデアは現場主導でつくられ
るもので，組織内に豊富に存在すると考えられている。そのため，経営上層部
の役割は，それらをいかに集め取捨選択するかということである。一方，今回
のモデルでは，非連続イノベーションの機会はそう簡単にはなく，長年の試行
錯誤学習によってつくられるものである，と認識している。そのため，長期の
試行錯誤学習ができるように，組織が人材の配置と組織環境を整えるのであ
る。これは，企業家活動の先行研究でも言及した，アルバレスとバーニーによ
る発見理論と創造理論の二分論がほぼ当てはまる状況である。既存の米国モデ
ルは，発見理論の立場であり，いかにして組織内ですでに現場主導でつくられ
た機会のアイデアを発見するか，ということを課題としており，一方，今回の
モデルは，組織主導でいかにして機会をつくりだすかということに取り組んで
いる。そして結論として，今回のモデルのほうが，機会を生む確率が高いこと
を示した。

　第2の要因は，雇用システムの違いである。非連続イノベーションの先行研
究は主に米国で行われている。例えば米国の先行研究が示しているR&D技術

者は，技術的な興味からアイデアを出す。また，市場についての知識はもっていないとみなされている。そのため，現場マネジャーが市場と R&D 技術者の技術を結びつけて機会を発見する。一方，今回の日本のケースでは，R&D 技術者自ら市場のことを考えながら行動する。また，自分の専門外の分野に飛び込んで学習し，自分の専門と融合させて機会を生み出していく。日本では R&D 技術者が社内企業家活動を担っている。このように，日米の R&D 技術者の活動の仕方が異なる。この原因は，雇用システムの違いからくると考えられる。日本の場合，終身雇用制で仕事が保障されているために，専門外の分野に飛び込んでいける。米国では労働市場の流動性が高く，R&D 技術者は専門のキャリアを積んでいかなければ生き残るのは難しいため，日本のように専門外に簡単に飛び込めないことを指摘した。また，既存の米国モデルでは 1 パターンしか示されなかった R&D 技術者の活動の仕方について，今回のモデルでは 3 パターンあることも，雇用システムの違いからくる異なるキャリア志向性から生じることを示した。

　さらに，米国では比較的珍しい終身雇用制を保持している 3 M 社では，今回の日本のモデルと同様の傾向が一部観察されており，本研究の示した考え方の妥当性を裏付けている。

　今回，第 5 章で提案した戦略策定プロセスの重要なポイントは人材のマネジメントであり，米国のように重要な人材である技術者の活動そのものが異なるような社会では，適用が難しいと考えられる。別な言葉で言うと，今回提案した非連続イノベーションの戦略策定プロセスは，雇用システムが終身雇用制のときは適用できるが，米国のように流動性の高い場合は，適用が難しいと考えられる。今まで，非連続イノベーションの戦略策定プロセスは意図的プロセス対創発的プロセスの軸で検討されてきたが，雇用システムも考慮に入れなければ，効果的なプロセスを考え出せないということができる。

　以上の考察により，非連続イノベーションの効果的な戦略策定プロセスの概念を以下に提案する。

（最終案）
非連続イノベーションの効果的な戦略策定プロセスの概念
「意図的に創発をコントロールするプロセス」

1．非連続イノベーションの戦略策定プロセスとは社内企業家活動による機会形成を組織がコントロールするプロセスである。機会が形成されると同時に戦略が策定される。
2．非連続イノベーションの機会形成は，社内企業家による専門外分野での試行錯誤学習を通して，新しい資源の組み合わせからつくりだされるものである。
3．機会形成は組織による3つの行為グループによって促進される。
　［行為A］　新しい資源の組み合わせができる確率を高めるために，取り組む分野と採用する人材（事前知識，学習能力のタイプなど）を決める。
　［行為B］　新しい資源の組み合わせが可能となるように当該技術者に試行錯誤学習をさせる組織環境を整える。
　［行為C］　市場に受け入れられる価格や品質のものをつくりだすための，人材配置及び市場学習の仕組みを取り入れる。
4．機会形成を促進させるための組織による具体的な実施項目は次の通りである。
　①　ミッションの設定：取り組む分野の設定*と画期的な製品開発の指示を行う。
　　*取り組む分野の設定方法は，開発効率や生まれてくる新製品の競争力に大きく影響することを考慮に入れる。自社の生産能力やビジネスシステムが使える場合は有利である。
　②　組織環境の整備：当該技術者に日常業務から隔離されている状況をつくる。
　③　高い自由度の提供：当該技術者がテーマを設定し，実験などによって実現可能なアイデアを生み出す活動が自由に行えるようにする。
　④　試作品による市場ニーズを学習する仕組みづくり：プロトタイプや試作品の作成などによって市場の反応から学習して対象市場を抽出する仕組みをつくる。
　⑤　特定の能力をもった人材の配置：自発的に活動する能力，自ら市場を予測し新製品開発の可能性を考えてテーマ設定する能力，専門外分野を学習する能力，そして，必要な事前知識，を保持している人材を当該技術者として配置する。技術のみが非連続，市場及び技術が非連続のときは必要に応じて生産技術者や事業経験者を配置する。
5．ただし，上記の概念は終身雇用制のときにのみ適用が可能である。

以上

（2）本研究で得られた知見

　本研究は，非連続イノベーションの効果的な戦略策定プロセスの概念の構築を目的にして，戦略策定に決定的な影響を与える機会形成に焦点を当て，文献調査と6つのケース・スタディをもとにデータ収集・分析を行った。その結果，次の知見が得られた。

① 今まで十分知られていなかった非連続イノベーションの機会形成プロセスを最初から最後まで体系的に明らかにした。また，機会形成には共通のパターンがあることを発見し，今まで不可能と考えられていた非連続イノベーションの機会形成について，合理的に確率を上げられる可能性を示した。

② 非連続イノベーションの戦略策定プロセスは，現場主導のボトムアップによる創発的プロセスが有力であった。しかし，本研究では機会形成プロセスを分析した結果，組織主導によるプロセスを発見した。この結果を「意図的に創発をコントロールする戦略策定プロセス」という概念にまとめて提案した。同概念が既存研究と異なる理由として機会に関する認識の違いと企業が属する社会の雇用システムの違いを示した。

③ 非連続イノベーションの源である社内企業家活動による試行錯誤学習は，雇用システムや同活動を担う技術者のキャリアの志向性によって規定され，非連続イノベーションの内容に大きな影響を与えることを示した。具体的には，米国における非連続イノベーションでは社内企業家活動は1つのパターンしか示されていないが，日本では3つのパターンがあり，これは日米の技術者のキャリアの志向性に関する違いから生じることを示した。

④ 学習の視点から，イノベータのジレンマにおける機会形成のマネジメントモデルと本研究によるモデルを比較し，本研究のモデルの有用性を示した。具体的には，イノベータのジレンマに陥るマネジメントは顧客ニーズ対応型における学習，すなわち Learning-by-Using を基本としている。一方，本研究の示すモデルは，組織がR&D技術者による Trial and Error Learning（試行錯誤学習）を促している。レンズ付きフィルムやクォーツ

腕時計は，R&D技術者がTrial and Error Learningによって非連続イノベーションを自ら生み出し，イノベータのジレンマを回避したケースと考えられる。このため，イノベータのジレンマを回避するための1つの手段として，組織内でTrial and Error Learningを行わせることが有効であることを示した。

⑤　非連続イノベーションの機会形成のプロセスでは，技術が非連続及び市場と技術が非連続な場合は，生産技術者の活動が不可欠であることがわかった。これは，製造業分野で非連続イノベーションを生み出すのに，ものづくり能力が重要な役割を担っていることを示している。

⑥　機会形成に関する企業家活動（アントレプレナーシップ）分野の研究が活発化しており，個人と事業機会の2つの要素を中心に研究が発展している。本研究は，同分野の近年の研究成果を利用して，一定の成果が得られた。非連続イノベーションにおける企業家活動について，今までの研究のアプローチではわからなかったことを明らかにし，理解を深めることができた。すなわち，個人の属性や事業機会の種類が機会形成に大きく影響し，それらを考慮に入れた効果的なマネジメントを検討することができた。さらに，個人のキャリアと機会形成の関係を考察することを可能とし，雇用システムの機会形成への影響について理解を深めることができた。

　以上のことにより，同分野の研究の重要性と有効性を示せたと考えられる。

7.2　今後の研究課題

①　提案した概念の検証

　今後の研究課題として，ケース・スタディを重ねることにより今回提案した概念を検証し，改善を図ることが重要である。Eisenhardt（1989）によると，改善する余地がなくなるまでケース・スタディを繰り返すことによって理論が形成される。

②　非製造業への展開

本研究で提案した非連続イノベーションに関する戦略策定プロセスは，製造

業のケースを分析して作成されたものである。今後は，重要性が増しつつある
サービス産業を含めた非製造業についても，非連続イノベーションを生み出す
ための戦略策定プロセスの研究は不可欠であると考える。

③　ミッションの設定方法

本研究で提案した戦略策定プロセスの最初の実施項目はミッションの設定で
ある。これは，取り組む分野の設定と画期的な製品開発の指示からなっている
が，取り組む分野の設定方法については検討の余地が多く残っており，今後の
研究課題である。

④　機会形成に関する企業家活動のさらなる研究

今回のアプローチは機会形成に関する企業家活動の最近の研究成果を用いて
成果を得た。しかし，機会形成に関する企業家活動の研究はまだ緒についたば
かりである。今後，この分野の研究をさらに進めて機会形成を促進する要因に
ついて理解を深め，非連続イノベーションの機会形成を効果的に行うための戦
略策定に役立てていく必要がある。創造性との接点も有望な研究対象だと考え
る。また，本分野の研究はベンチャー企業の育成にも大きく貢献すると考えら
れる。

⑤　非連続イノベーションを起こした人材への評価

今回非連続イノベーションを起こした人材への会社の評価について，バラツ
キが見られる。どのようなフレームで評価すればよいのだろうか。非連続イノ
ベーションを行うには，評価の問題を解決しないと企業のマネジメントもうま
くいかないであろう。非連続イノベーションの機会形成には平均12年かかっ
ており，成果主義が普及している現在において，このようなリスクの高い仕事
に取り組む人材がいなくなってしまうのではないだろうか。

⑥　地域イノベーションへの展開

それまで何をやっても新規事業を立ち上げることができなかった地域に，新
規事業を生み出す状況は，非連続イノベーションを起こす状況と同じである。
今回の成果をベースにこのような地域に新規事業を起こすマネジメントについ
て研究を行うことは，有用な知見を与えてくれると考えられる。

具体的には，非連続イノベーションの源である「試行錯誤学習による機会形

成」がどのように行われているか，成功している地域や失敗している地域の実態を調査・分析し，地域に新規事業を生み出すモデルを研究することは重要であろう。

⑦　試行錯誤学習を考慮に入れたネットワークによる非連続イノベーションの促進

本研究の第1章「1.2 研究の目的」で述べたように，新規事業開発には内外のいずれの経営資源を中心に進めるかによってアプローチが2つあり，1つは内部志向，もう1つは外部志向であり，本研究は内部志向に対象を絞っている。

近年，外部志向の研究も始まりつつあり，外部ネットワークをいかにうまく使って非連続イノベーションを起こすか，という研究も見られるようになった（Birkinshaw et al., 2007）。非連続イノベーションを生み出す社内企業家活動は新しい資源の組み合わせによって機会を形成することであるから，外部資源も効果的に使えるようになれば，非連続イノベーションを生み出す確率を高めることができるであろう。

今までのネットワーク研究では，試行錯誤学習について取り組んだものはほとんどなく，本研究が示すように，試行錯誤学習を考慮に入れることによって，より効果的なシステムがつくりだされる可能性があり，今後重要な研究課題になると考えられる。

⑧　社内企業家としての技術者の育成

製造業分野における非連続イノベーションにおいては，技術者が社内企業家の役割を担っていることがわかった。技術者が優れた社内企業家になるためには，どのような教育や訓練が必要なのか，大きな研究課題である。幸運にも，本研究結果は社内企業家として活動した技術者に共通する能力を見出しており，技術者を社内企業家として育成できる可能性を示している。例として，市場予測能力がある。今回，5つのケースにおいて，この能力が非連続イノベーションを生み出す原動力になっている。試行錯誤学習をどの方向に行うのか決めるのが，この市場予測能力である。もし，日本の技術者の市場予測能力を向上させることができるならば，より多くの新産業や新製品が生まれる可能性が増えることは間違いないであろう。

また，学校教育における学習のあり方も考えていかなければならない。試行

錯誤学習を行える人材は，すでに決まったことを効率よく記憶して，それを繰り返す人材ではない。まったくやったことのないことを，自分で試してみて，そして失敗などから学ぶ能力をもった人材である。試行錯誤学習を行う能力を向上させるには，どのように教育すればよいのか重要な課題となろう。

⑨　雇用システムとナショナル・イノベーションシステムの関係

今回，米国で行われた先行研究の結果との違いは，国レベルの雇用システムの違いからくることがわかった。基本的にイノベーションは人の頭脳から生まれてくるものであり，これらの人材がどのように活動するかは，大きくイノベーションの現象に影響することが考えられる。

以前筆者の行った東京大学と東京工業大学の工学部卒業生と MIT の工学部卒業生の比較では，前述した流動性に大きな違いを見せたほか，産業別の分布や，技術者として働く割合など多くの点で有意な違いを示しており，それぞれの国で起こっているイノベーションの内容を異なるものにしている要因となっていることを示唆した（Ishii, 1993；石井他，1993）。今後，科学技術人材の雇用システムとイノベーションの関係について知見を充実させることは，その国のイノベーションの現象への理解を深めるとともに，人材の視点でどのようにすればイノベーションを促進できるかを考える重要な手がかりになると考えられる。

⑩　科学技術政策・産業政策への展開

今回提案した「意図的に創発をコントロールするプロセス」は企業組織を想定したものであるが，国の科学技術政策や産業政策への展開も考えられる。国や国境を超えたレベルで研究開発を推進する活動で，創発的な要素を含んだ手法が観察されている。例えば，特定保健用食品制度（厚生労働省），ロボカップ（内藤，2002）や OS の LINUX などがある。目標と一定のルールを示すことにより，ボランティアによる研究開発活動を活発化させている。特定保健用食品制度では，1991 年にスタートして，民間企業によって 755 品目の商品が開発されている。市場規模として数千億円である。このとき，政府のやることは，基準づくりと検査であり，研究開発費は使用しなくてよい。また，米国の環境政策のマスキー法案も良い例である。政府は一定の基準を示すだけで自動

車メーカーによる研究開発を促進させ，成功に導いている。これらの例は，政府やNPOが働きかけてボトムアップによる研究開発を促すものであり，本研究が提案している「意図的に創発をコントロールするプロセス」と考えられる。

しかし，政策策定手法として意図的に広く活用するためには，政策における同プロセスのメカニズムを把握しなければならない。そして目標やルールの設定方法など実施方法についても検討しなければならない。多くの課題があり研究が必要である。今までは国は予算を使ってイノベーションを促進していた。これを従来型と呼ぶ。今回の「意図的に創発をコントロールするプロセス」を適用する政策では，国は予算なしで企業や国民の自発的な力を活用してイノベーションを促進する。いわば新世代型といえるものであり，今後重要性が増してくると考えられる。

⑪　共創工学[1] との交流

共創工学では，工学分野における事象を分析して，1つの枠組み内で創発を促す方法が提案されている（上田，2007）。これは本研究が企業経営を分析して提案した戦略策定プロセスの概念である「意図的に創発をコントロールするプロセス」と類似しており，研究交流によるメリットが大きいと考えられる。

注

1　共創工学とは「人工物の設計から消費にいたる諸相では，複雑かつ予測困難な状況下での意思決定が，今後ますます求められてきます。そのような問題に対して，共創工学は，単独の行動主体のみでは得られない有効解を，行動主体間の相互作用の結果，システム全体として創出する方法論を探究する新しい工学です。行動主体間の相互作用には，人工物と人工物，人と人工物，人と人，組織と組織，さらには異領域間といった多様な組み合わせがあります。このような共創的意思決定問題の追究により，これまで困難であった不完全情報下での人工システムの創出や人・人工物・環境の発展的な関係が期待できます。」

（出所）　http://www.race.u-tokyo.ac.jp/uedalab/kyoso-plat/index.html，東京大学人工物工学研究センター，2009年10月5日検索。

▢ あとがき

　本研究と関連した実業界の３つのコメントを紹介したい。

　１つ目は，元松下電工会長の三好俊夫氏の以下のコメントである（石井，2009, pp.2-3）。
　　「自分たちが活動する分野のあるドメインの中で，改良商品を作っていく，それを松下電工では『強み伝い』と言っています。自分が持っている技術，販売網，人材を利用して，一歩ずつ尺取り虫的に伸ばしていく，これは自然の方向です。ほとんどの会社がこうした『強み伝い』に動こうとしています。このやり方は，管理者がいれば十分で，経営者不在でもやっていけます。（中略）しかし『強み伝い』をやっていくうちに，大体，斜陽産業になってしまうのです。（中略）だからやはり（経営者は）跳ばないといけないのです。」
　ここで指摘されている経営者の「跳ぶ」という役割は，本研究が示している「意図的に創発をコントロールするプロセス」の根幹である。新しい事業を生み出すとき，今までの延長線上でないことを経営者はやらなければならない。本研究の提案している「意図的に創発をコントロールするプロセス」は，経営者が積極的に介入して，初めて非連続イノベーションが生まれることを示しており，この三好元会長のコメントは，本研究の主張を支援するものと考えられる。

　２つ目はトヨタ自動車会長の張富士夫氏の次のコメントである（甘利，2009, pp.26-29）。
　　「（研究開発について）上司から決して決め打ちをしてはいけないと言われました。（中略）電気自動車（中略）燃料電池（中略）ハイブリットシステム（中略）バイオ燃料（中略）どれが本命になるかまだわからない。だ

から私たちは，その全てに取り組んでいます。（中略）もちろん，その時々で力点はかわります。（中略）しかし，ある方式の研究開発を完全に放棄するということはありません。もしかしたら，技術のブレークスルーがあって，それが将来の本命になるかもしれないからです。そのためにも内部留保が必要なのです。だからこそ，現場でつまらない無駄を一生懸命省いて，それこそ爪の先に火を灯すようにして稼いで，その利益を常に3年，5年，10年先のために使っているのです。」

そして，「独創力を生む組織というものは，何をどのように構築していくべきなのでしょうか」との質問に対して，張会長は次のように答えている。

「一番大切なのは社風ではないでしょうか。（中略）何が根源にあるのかと考えると，伝統的にも創立以来ある『将来を見据えてさまざまな研究を行う』という姿勢です。」

トヨタ自動車は研究開発に関して全方位で行っている。それも伝統的な確固たる社風のもとに行っているものであり，一時的なものではなく，創業当時からだ。しかし，私にはこの張会長のコメントは意外だった。トヨタ自動車元会長の奥田碩氏は日本経済団体連合会の元会長（2002～2006年）で，「選択と集中」をことあるごとに連呼してきたイメージが強かったからである。

張会長のコメントから察するに，トヨタ自動車の「選択と集中」というのは，事業についてであり，研究開発のことではない，と考えられる。しかし，他の企業の経営者で，研究開発を「選択と集中」しているケースが多いのではないだろうか。通常の企業は，トヨタ自動車のような超優良企業ではないので，研究開発を全方位で行うというわけにはいかない。しかし，将来の新規事業となる研究開発に継続的に投資する，可能性の残っているものはなるべくやらせる，という姿勢は新規事業を生み出そうとしている企業には必要であろう。本研究の6つのケースでも，成功するまで平均12年かかっている。それも，成功すると最初にわかっていた12年ではない。寸前まで，成功するかどうかわからない状況での12年である。だから，途中で厳しくチェックしていたら，クォーツ腕時計やリチウムイオン二次電池を含む6つの成果は存在していなかったかもしれない。これらは，張会長のいうように，長い道のりのなか

で，あるとき「ブレークスルー」したものなのである。

　3つ目は，少し古いが本田宗一郎さんのコメントである（本田，1992, pp.99-100）。

> 「日本はもう『追いつけ，追いこせ』の目標がなくなっているということ
> だ。どこの国からも，教えてもらうものは1つもないのだ。（中略）明治
> 以来100年の間，ずっと持ち続けてきた『追う』姿勢を，捨てなければな
> らない立場に立っているのだ。これからは，創造を求めて，努力と失敗を
> 積み重ねながら，進まなければならないのである。（中略）こんな時代に，
> 教育だけがいつまでも『追う』姿勢を，昔ながらに持ち続けているのが，
> 私にはどうしても納得できない。『知る教育』から『試す教育』への180
> 度の軌道修正が必要なのである。」

　本研究の結論でも，今後，従来の延長線上では生まれない非連続イノベー
ションを創造するには，試行錯誤学習が不可欠であることを示したが，本田さ
んは，イノベーションの最前線にいて，試行錯誤学習の重要性を体験的に理解
していたのであろう。本田さんはさらに次のことも述べている。

> 「反省ということで，ぜひ付け加えておかなければならないことがある。
> それは成功したときの反省である。なぜ？　なぜ？　と反省することに
> よって，1つの成功は，次の，より大きい成功につながるのである。その
> 反省を忘れると，折角の成功もそこで行き止まりとなってしまうというの
> が，私の過去の経験から学んだ信念である（同，p.65）。」

　本研究においても，非連続イノベーションに成功した6つのケースから，成
功のパターンを学んだものであり，本田さんの「成功したときの反省」と同じ
アプローチである。本田さんは，自分の経験を客観的に分析して，理論を抽出
する思考ができる人だったのではないだろうか。

　これから，日本は誰もやったことのないことに取り組んでいかなければなら
ない。もちろん企業が生き残るためにも必要であるし，さらに，まだ誰も解決
していない地球環境問題や貧困問題など世界レベルの問題に関して日本人が活
躍していくには，この試行錯誤学習を身につけていかなければならないと思っ

ている。

　本田さんの本はたまに読む。今でも新鮮だ。しかし，がっかりするときがある。それは，自分が苦労して研究して出したアイデアが，しっかり書かれているときだ。自分を孫悟空とは言わないが，一生懸命研究しても，所詮，本田さんの手の平の上でがんばっているにすぎないような気にさせる。今回もそうなりそうなので，ここら辺で筆を擱きたい。

2009 年　初冬

著　者

付　録

インタビュー実施日と話し手（敬称略）

【高強度 PAN 系炭素繊維】

2004 年 7 月 28 日

　東レ株式会社顧問　三井茂雄

　有限会社オキシド代表取締役　森田健一

　東レ株式会社広報室　山縣義孝

2008 年 11 月 18 日

　金沢工業大学客員教授　松井醇一

【暗号アルゴリズム】

2004 年 7 月 2 日

　三菱電機株式会社情報技術総合研究所情報セキュリティ技術部次長
　松井　充

2008 年 3 月 13 日

　株式会社日本情報セキュリティ認証機構参事　竹田栄作

2008 年 3 月 17 日

　独立行政法人情報処理推進機構 IPA 暗号グループリーダー　山岸篤弘

【クォーツ腕時計】

2003 年 12 月 16 日

　元セイコーエプソン株式会社専務取締役　相沢　進

2008 年 2 月 20 日

　セイコーエプソン株式会社相談役　安川英昭

【リチウムイオン二次電池】

2004 年 6 月 10 日

　旭化成エレクトロニクス株式会社電池材料事業開発室室長　吉野　彰

　旭化成株式会社広報室課長　中村雅夫

2008 年 3 月 6 日

　旭化成株式会社新事業本部研究開発センター主席研究員　実近健一

　旭化成株式会社広報室課長　稲垣剛史

【レンズ付きフィルム】

2004 年 8 月 6 日

　元富士写真フイルム株式会社営業第一本部担当部長　持田光義

2008 年 3 月 14 日

　株式会社富士フイルムテクノサービス社長　深野　彰

【健康油】

2004 年 1 月 9 日

　花王株式会社ヘルスケア第 1 研究所所長　安川拓次

　花王株式会社広報部門　滝本　忠

2008 年 3 月 12 日

　花王株式会社品質保証本部品質保証センター長　山田直人

　花王株式会社広報部門　滝本　忠

（注）　これらは第 1 回目のインタビューであり，その後，電話やメールなどで適宜話を聞いている。

参考文献

Abernathy, W.J. and Utterback, J.M. (1978) "Patterns of industrial innovation," *Technology Review*, June/July, pp.41-47.

Abernathy, W.J., Clark, K. and Kantrow, A. (1983) *Industrial Renaissance: Producing a Competitive Future for America*, Basic Books, New York.

相沢進 (1985)「エプソンの研究開発マネジメント」『ビジネスレビュー』Vol.32, No.4, pp.65-82。

相沢進 (1995)「クォーツ腕時計の開発」『みんなが知っている製品　みんなが知らない生立』第 1 巻, ㈳日本機械工連合会, pp.17-21。

Allen, T.J. and Katz, R. (1986) "The dual ladder: Motivational solution or managerial delusion?" *R&D Management*, Vol.16, No.2, pp.185-197.

Allen, T.J. and Katz, R. (1992) "Age, educaton and the technical ladder," *IEEE Transaction on Engineering Management*, Vol.39, No.3, pp.237-245.

Allison, G.T. (1971) *Essence of Decision : Explaining the Cuban Missile*, HarperCollins, New York. (宮里政玄訳『決定の本質』中央公論社, 1977)

Alvarez, S.A. and Barney, J.B. (2007) "Discovery and creation: Alternative theories of entrepreneurial action," *Strategic Entrepreneurship Journal*, Vol.1, No.1-2, pp.11-26.

Amabile, T.M. (1996) *Creativity in Context*, Westview Press, Boulder.

Amabile, T.M. (1998) "How to kill creativity," *Harvard Business Review*, Vol.76, September-October, pp.77-89.

甘利明 (2009)『日本の底力』角川書店。

Andrews, K.R. (1971) *The Concept of Corporate Strategy*, Dow Jones-Irwin, Homewood, Ill.

Ansoff, H.I. (1965) *Corporate Strategy*, Penguin, Harmondsworth. (広田寿亮訳『企業戦略論』産業能率短期大学出版部, 1969)

Ansoff, H.I. (1991) "Critique of Henry Mintzberg's 'The design school : Reconsidering the basic premises of strategic management.'" *Strategic Management Journal*, Vol.12, pp.449-461.

青島矢一・加藤俊彦 (2003)『競争戦略論』東洋経済新報社。

Arrow, K. (1962) "The economic implication of learning by doing," *Review of Economic Studies*, Vol.29, pp.155-173.

旭化成 (2002)『旭化成　八十年史』編集㈶日本経営史研究所。

Baba, Y. (1989) "The dynamics of continuous innovation in scale-intensive industries," *Stra-*

tegic Management Journal, Vol.10, pp.89–100.

馬場靖憲（1998）『デジタル価値創造』NTT 出版。

Barney, J.B.(1991) "Firm resources and sustained competitive advantage," *Journal of Management*, Vol.17, No.1, pp.99–120.

Barney, J.B.(2002) *Gaining and Sustaining Competitive Advantage*, second ed., Printice-Hall, New Jersey.

Bartlett, C.A. and Ghoshal,S.(1997) *The Individualized Corporation*, Harper Collins Publishers.(グロービス経営大学院訳『個を活かす企業』ダイヤモンド社, 2007)

Bessant, J., Lamming, R., Noke, H. and Phillips, W.(2005) "Managing innovation beyond the steady state," *Technovation*, Vol.25, pp.1366–1376.

Birkinshaw, J., Bessant, J. and Delbridge, R.(2007) "Finding, forming, and performing : Creating networks for discontinuous innovation," *California Management Review*, Vol.49, No.3, Spring, pp.67–84.

Burgelman, R.A.(1983) "Corporate entrepreneurship and strategic management : Insights from a process study," *Management Science*, Vol.29, No.12, pp.1349–1364.

Burgelman, R.A.(1984) "Designs for corporate entrepreneurship in established firms," *California Management Review*, Vol.26, No.3, pp.154–166.

Burgelman, R.A.(1991) "Intraorganizational ecology of strategy making and organizational adaptation : Theory and field research," *Organization Science*, Vol.2, No.3, pp.239–262.

Burgelman, R.A.(1994) "Fading memories : A process theory of strategic business exit in dynamic environments, " *Adminstrative Science Quarterly*, Vol.39, No.1, pp.24–56.

Burgelman, R.A.(2002) *Strategy is Destiney*, The Free Press.(石橋善一郎・宇田理監訳『インテルの戦略：企業変貌を実現した戦略形成プロセス』ダイヤモンド社, 2006)

Burgelman, R.A. and Sayles, L.R.(1986) *Inside Corporate Innovation*, Macmillan.(小林肇監訳，海老沢栄一・小山和伸訳『企業内イノベーション』ソーテック社, 1987)

Chandler, A.D.(1962) *Strategy and Structure*, MIT Press, Cambridge.

Christensen, C.M.(1997) *The Innovator's Dilemma*, Harvard Business School Press, Boston.(玉田俊平太監修，伊豆原弓訳『イノベーションのジレンマ』翔泳社, 2001)

Christensen, C.M. and Raynor, M.E.(2003) *The Innovator's Solution*, Harvard Business School Press, Boston.(玉田俊平太監修，櫻井祐子訳『イノベーションへの解』翔泳社, 2003)

Clark, K.B. and Fujimoto, T.(1991) *Product Development Performance : Strategy, Organization, and Management in the World Auto Industry*, Harvard Business School Press, Boston.(田村明比古訳『製品開発力』ダイヤモンド社, 1993)

Corbett, A.C.(2007) "Learning asymmetries and the discovery of entrepreneurial opportunities," *Journal of Business Venturing*, Vol.22, pp.97–118.

Cusumano, M.A. and Markides, C.C.(2001)*Strategic Thinking for the Next Economy*, Jossey-Bass, San Francisco.(グロービス・マネジメント・インスティテュート訳『戦略論』東洋経済新報社,2003)

㈳電池工業会（2009）『二次電池販売金額長期推移（経済産業省機会統計)』2009 年 2 月 2 日検索,http：//www.baj.or.jp/statistics/07.html。

Dimov, D.P.(2003)"The nexus of individual and opportunity : Opportunity recognition as a learning process," *Frontiers of Entrepreneursip Research*, pp.410–420.

Eisenhardt, K.M.(1989)"Building theories from case study research," *Academy of Management Review*, Vol.14, No.4, pp.532–550.

Eisenhardt, K.M.(1991)"Better stories and better constructs : The case for rigor and comparative logic," *Academy of Management Review*, Vol.16, pp.620–627.

Eisenhardt, K.M. and Graebner, M.E.(2007)"Theory building from cases : Opportunities and challenges," *Academy of Management Journal*, Vol.50, No.1, pp.25–32.

Fiet, J.(1996)"The informational bias of entrepreneurial discovery," *Small Bussiness Economics*, Vol.8, pp.419–430.

Foster, R.S.(1986)*Innovation : The Attaker's Adavantage*, Simon & Schuster Adult Publishing Group.(大前研一訳『イノベーション』TBS ブリタニカ,1987)

富士写真フイルム（2002）「写ルンです 10 億本達成記念！フォトコンテスト」2004 年 9 月 28 日検索,http：//www.fujifilm.co.jp/news_r/nrj 992.html。

富士写真フイルム（2004）「写ルンですの歴史」2004 年 9 月 28 日検索,http：//www.fujifilm.co.jp/utsurundesu/histry/history.html。

富士フイルム（2008）『富士フイルムのあゆみ』2008 年 1 月 5 日検索,http：//www.fujifilm.co.jp/history/dai 5–01.html。

Galbraith, J, R.(1982)"Designing the innovating organization," *Organizational Dynamics*, Winter, pp.5–25.

Garcia, R. and Calantone, R.(2002)"A critical look at innovation typology and innovativeness terminology : A literature review," *The Journal of Product Innovation Management*, Vol.19, pp.110–132.

Garud, R. and Van de Ven, A. H.(1992)"An empirical evaluation of the corporate venturing process," *Strategic Management Journal*, Vol.13, pp.93–109.

George, A.L. and Bennett, A.(2004)*Case Studies and Theory Development in the Social Sciences*, MIT Press, MA.

Granovetter, M.(1985)"Economic action and social structure : The problem of embeddedness," *American Journal of Sociology*, Vol.91, No.3, pp.481–510.

Grant, R.M.(2003)"Strategic planning in a turbulent environment : Evidence from the oil majors," *Strategic Management Journal*, Vol.24, pp.491–517.

Grant, R.M.(2005) *Contemporary Strategy Analysis*, fifth ed., Blackwell, Melden, Mass.

Griffin, A., Price, R.L. and Vojak, B.L.(2012) *Serial Innovators*, Stanford University Press, Stanford California.

Hamel, G.(2001) "Strategy innovation and the quest for value," in Cusmano, M.A. and Markides, C.C.(eds.) *Strategic Thinking for the Next Economy*, Jossey-Bass, San Francisco.

Hamel, G. and Prahalad, C.K.(1994) *Competing for the Future*, Harvard Business School Press, Boston.

Hannan, M,T. and Freeman, J.(1988) *Organizational Ecology*, Harvard University Press, Cambridge.

原陽一郎（1997）「国際競争と高度化のイノベーション――我が国製造業の競争基盤；第3報・イノベーションのケース・スタディ（クォーツ革命）」『長岡大学紀要』第2号，pp.1-20。

橋村晋（2002）『富士フイルム』日経事業出版。

㈳発明協会（2002）『平成14年度全国発明表彰受賞者功績概要』㈳発明協会。

㈳発明協会（2004）『平成16年度全国発明表彰受賞者功績概要』㈳発明協会。

一橋大学イノベーション研究センター（2001）『イノベーション・マネジメント入門』日本経済新聞社。

本田宗一郎（1992）『得手に帆をあげて』三笠書房。

堀切近史（2002a）「暗号アルゴリズム「MISTY」の開発（第1回）」『日経エレクトロニクス』6月17日号，pp.212-215。

堀切近史（2002b）「暗号アルゴリズム「MISTY」の開発（第3回）」『日経エレクトロニクス』7月15日号，pp.203-207。

堀切近史（2002c）「暗号アルゴリズム「MISTY」の開発（第4回）」『日経エレクトロニクス』7月29日号，pp.187-191。

Inkpen, A.C.(2008) "Knowledge transfer and international joint ventures: The case of NUMMI and General Motors," *Strategic Manegement Journal*, Vol.29, pp.447-453.

井上達彦（2003）「事業戦略とビジネス・システム」加護野忠男編集『企業の戦略』八千代出版。

石井淳蔵（2009）『ビジネス・インサイト―創造の知とは何か』岩波書店。

Ishii, M.(1993) "The Utilization of Engineering Graduates and Manufacturing Competitiveness," Conference paper for The International Symposium on Technology and Society.

石井正道（2005）『独創的な商品開発を担う研究者・技術者の研究』Discussion Paper No.38, 科学技術政策研究所。

石井正道（2008）「非連続イノベーションに関する戦略策定プロセスの研究」『イノベーション・マネジメント』No.5, pp.41-59。

石井正道・横尾淑子・平野千博（1993）『工学部卒業生の進路と職業意識に関する日米比

較』調査資料 28, 科学技術政策研究所。

伊丹敬之（2001）『創造的論文の書き方』有斐閣。

伊藤昌壽（1992）「ナイロン，炭素繊維，人口皮革の開発」通商産業省編著『産業技術の歴史の継承と未来への創造』pp.82-86, 通商産業調査会。

Jeremy, D.J.(2002) "Business history and strategy," in Pettigrew, A., Thomas,H. and Whittington, R.(eds.), *Handbook of Strategy & Management*, Sage Publications, London.

Kanter, R.M.(1988) "When a thousand flowers bloom," *Research in Organizational Behavior*, Vol.10, pp.169-211.

花王㈱（1993）『花王史　100 年（1890~1990 年）』編集㈶日本経営史研究所，花王株式会社社史編纂室。

花王㈱（2004）『エコナ』2004 年 9 月 4 日検索，http://www.kao.co.jp/econa。

Kaplan, S.M.(1999) "Dicontinuous innovation and the growth paradox," *Strategy & Leadership*, March/April,pp.16-21.

Katz, R.(2003) *Managing Creativity and Innovation, Harvard Business Essentials*, Harvard Business School Press, Boston.(石黒薫訳『創造力』講談社，2003)

児玉文雄（2007）『技術経営戦略』オーム社。

児玉文雄・玄場公規（2000）『新規事業創出戦略』生産性出版。

Kolb, D.A.(1984) *Experiential Learning*, Prentice-Hall, New Jersey.

河野豊弘（1979）「日本とアメリカの組織の創造性の比較」『日本経営学会』Vol.49, pp.99-110。

河野豊弘（1986）「組織の創造性について」『学習院大学経済論集』第 23 巻第 1・2 合併号, pp.1-37。

Leifer, R., Mcdermott, C.M., O'Connor, G.C., Peters, L.S., Rice, M., and Veryzer, R.W.(2000) *Radical Innovation*, Harvard Business School Press, Boston.

Lynn, G.S., Morone, J.G. and Paulson, A.S.(1996) "Marketing and discontinuous innovation : The probe and learn process," *California Management Review*, Vol.38, No.3, pp.8-37.

Mair, J.(2005) "Entrepreneurial behavior in a large traditional firm : Exploring key drivers," in Elfring, T.(ed.) *Corporate Entrepreneurship and Venturing*, Springer, New York.

Markides, C.C.(2000) *All the Right Moves*, Harvard Business School Press, Boston.(有賀裕子訳『戦略の原理』ダイヤモンド社，2000)

松井充（2000）「暗号・認証技術の動向」『電気評論』臨時増刊。

松井充（2004）「第 3 世代携帯電話（W-CDMA）国際標準暗号の誕生」『電子情報通信学会誌』Vol.87, No.1, pp.21-25。

松井充・時田俊雄・反町亨（2002）「三菱電機の暗号アルゴリズム開発」『三菱電機技報』Vol.76, No.4, pp.236-240。

Mintzberg, H.(1978) "Patterns in strategy formation," *Management Science*, Vol.24, No.9, pp.934-948.

Mintzberg, H.(1987) "Crafting strategy," *Harvard Business Review*, July-August, pp.65-75.

Mintzberg, H.(1990) "The design school: Reconsidering the basic premises of strategic management," *Strategic Management Journal*, Vol.11, pp.171-195.

Mintzberg, H.(1991) "Research notes and communications : Learning 1, Planning 0 Reply to Igor Ansoff," *Strategic Management Journal*, Vol.12, pp.463-466.

Mintzberg, H. and Waters, J.A.(1985) " Of strategies, deliberate and emergent," *Strategic Management Journal*,Vol.6, pp.257-272.

Mintzberg, H., Ahlstrand, B. and Lamped, J.(1998) *Strategy Safari*. The Free Press, New York.

Mintzberg, H., Quinn, J.B. and Voyer, J.(1995) *The Strategy Process*, college ed., Prentice-Hall, New Jersey.

三菱電機㈱開発本部 (1986)『三菱電機研究所 50 年史』三菱電機㈱開発本部。

宮崎輝 (1992)「宮崎輝」『私の履歴書 昭和の経営者群像 6』日本経済新聞社。

持田光義 (1989)「フジカラー "写ルンです" の商品化」『ヒット商品・先端技術開発のケース・スタディ』日本開発工業会。

持田光義・大村紘・武井尚司 (1987)「フジカラー "写ルンです", "写ルンです Hi"」『Scientific Publication of the Fuji Photo Film Co.,Ltd.』Vol.15, No.33, pp.15-19。

Morris, M.H., Kuratko, D.F. and Covin, J.G.(2008) *Corporate Entrepreneurship and Innovation*, second ed., Thomson South-West, Mason, Ohio.

内藤一男・岩井茂 (1985)「腕時計産業の技術変遷について」『日本機械学会誌』Vol.88, No.802, pp.1035-1040。

内藤理 (2002)「ロボカップが提案する新たな研究開発管理手法―遺伝的研究開発マネジメント―」『ロボット学会誌』Vol.20, No.1, pp.35-38。

中田行彦 (2008)「日本はなぜ液晶ディスプレイで韓国，台湾に追い抜かれたのか？」『イノベーション・マネジメント』Vol.5, pp.141-157。

Nelson, R.R.(2008) "Bounded rationality, cognitive maps, and trial and error learning," *Journal of Economic Behavior & Organization*, Vol. 67, pp.78-89.

㈳日本時計協会 (2003)「日本の時計産業概史」2003 年 12 月 9 日検索，http://www.jcwa.or.jp/jp/sangyou.html。

㈳日本時計協会 (2009)「日本及び世界のウオッチ産業の概況」2009 年 2 月 2 日検索，http://www.jcwa.or.jp/industry/industry_07.html#id_san 1。

日経バイオテク (2002)『日経バイオ年鑑 2003』日経 BP 社。

日経バイオテク (2007)『日経バイオ年鑑 2008』日経 BP 社。

日経ビジネス (1998)『明るい会社 3 M』日経 BP 社。

西美緒 (1995)「炭素系負極材料リチウムイオン二次電池の負極としての炭素質材料」『高

分子化学』Vol.44, No.2, pp.68-71。

西美緒（1997）『リチウムイオン二次電池の話』裳華房。

野中郁次郎・清澤達夫（1987）『3 M の挑戦』日本経済新聞社。

野中郁次郎・竹内弘高（1996）『知識創造企業』東洋経済新報社。

O'Connor, G.C. and Rice, M.P.(2001) "Opportunity recognition and breakthrough innovation in large established firms," *California Management Review*, Vol.13, No.2, Winter, pp.95-116.

O'Connor, G.C. and McDermott, C.M.(2004) " The human side of radical innovation," *Journal of Technology Management*, Vol.21, pp.11-30.

小田切宏之（1992）『日本の企業戦略と組織』東洋経済新報社。

大滝精一（2006）「新規事業創造の戦略」大滝精一・金井一頼・山田英夫・岩田智『戦略経営』有斐閣アルマ，pp.137-168。

Paolillo, J.G. and Brown, W.B.(1978) "How organizational factors affect R&D innovation," *Research Management*, Vol.21, pp.12-15.

Pascal, T.R.(1996) "The Honda effect," *California Management Review*, Vol.38, No.4, pp.80-91.

Patton, M.Q.(1987) *How to Use Qualitative Methods in Evaluation*, SAGE Publication, Newbury Park, California.

Pelz, D. and Andrews, F.(1966) *Scientists in Organizations*, John Wiely & Sons, New York.

Phillips, W., Noke, H., Bessant, J. and Lamming, R.(2006) "Beyond the steady state : Managing discontinuous product and process innovation," *International Journal of Innovation Management*, Vol.10, No.2, pp.175-196.

Pinchot, G.III（1985）*Intrapreneuring*, Harper & Row, Publishers, Inc., New York.(清水紀彦訳『社内企業家』講談社，1985)

Porter, M.E.(1980) *Comptitive Strategy : Techniques for Analysing Industries and Firms*, Free Press and Macmillan, New York.(土岐坤・中辻萬治・服部照夫訳『競争の戦略』ダイヤモンド社，1982)

Ravasi, D. and Turati, C.(2005) "Exploring entrepreneurial learning : A comparative study of technology development," *Journal of Business Venturing*, Vol.20, pp.137-164.

Reid, S.E. and de Brentani, U.(2004) "The fuzzy front end of new product development for discontinuous innovations : A theoretical model," *Journal of Product Innovation Management*, Vol.21, pp.170-184.

Rice, M.P., Kelley, D., Peters, L. and O'Connor, G.C.(2001) "Radical innovation : Triggering initiation of opportunity recognition and evaluation,"*R&D Management*, Vol.34, No.4, pp.409-420.

労働政策研究・研修機構（2007）「日本の企業と雇用 長期雇用と成果主義のゆくえ」労

働政策研究・研修機構。

Rosenberg, N.(1982) *Inside the Black Box: Technology and Economics*, Cambridge University Press, Cambridge.

Schendel, Dan and Hitt, Michael A.(2007) "Comments from the editors," *Strategic Entrepreneurship Journal*, Vol.1, pp.1–6.

Schumpeter, J.A.(1934) *The Theory of Economic Development*, Oxford University Press.

Seidel, V.P.(2007) "Concept shifting and the radical product development process," *Journal of Product Innovation Management*, Vol.24, pp.522–533.

セイコーエプソン㈱(2004)『腕時計の歴史を変えた世界初のクォーツウオッチ』セイコーエプソン㈱。

Shane, S.(2000) "Prior knowledge and the discovery of entrepreneurial opportunities," *Organization Science*, Vol.11, No.4, pp.448–469.

Shane, S. and Venkantaraman, S.(2000) "The promise of entrepreneurship as a field of research," *Academy of Management Review*, Vol.25, No.1, pp.217–226.

進藤昭男(1982)「PAN系炭素繊維の開発動向」『日本複合材料学会誌』Vol.8, No.3, pp.79–85。

進藤昭男(1986)「カーボンファイバー」『セラミックス』Vol.21, No.10, pp.941–945。

新宅純二郎(1989)「技術転換への対応能力―セイコーとスイス時計メーカーの比較―」嶋口充輝・竹内弘高・片平秀貴・石井淳蔵編著『マーケティング革新の時代―製品開発革新―』3章, 有斐閣。

白川秀樹(2001)『化学に魅せられて』岩波新書。

Sommer, S.S. and Loch, C.H.(2004) "Selectionism and learning in projects with complexity and unforeseeable uncertainty," *Management Science*, Vol.50, No.10, pp.1334–1374.

Song, M.X. and Montoya-Weiss, M.M.(1998) "Critical development activities for really new versus incremental products," *Journal of Product Innovation Management*, Vol.15, No.2, pp.124–135.

Sternberg, R.J.(1999) *Handbook of Creativity*, Cambridge University Press, UK.

田路則子(2008)「半導体産業における研究開発者のキャリア志向性」『イノベーション・マネジメント』No.5, pp.23–40。

高橋伸夫(2004)『虚妄の成果主義』日経BP社。

高松亨(2000)「PAN系炭素繊維の開発」『技術と文明』Vol.12, No.1, pp.1–24。

Teece, D. and Pisano, G.(1994) "The dynamic capabilities of firms: An introduction," *Industrial and Corporate Change*, Vol.3, pp.537–556.

Teece, D.J., Pisano,G. and Shuen,A.(1997) "Dynamic capabilities and strategic management," *Strategic Management Journal*, Vol.18, No.7, pp.509–533.

Tidd, J., Bessant, J. and Pavitt, K.(2005) *Managing Innovation*, third ed., John Wiley &

Sons, England.

東京大学工学部（2004）「沿革」『電気工学科・電子情報工学科・電子工学科』2004 年 11 月 11 日検索，http：//www.ee.t.u-tokyo.ac.jp/page/about/index 2.html。

東レ（1997）『東レ　70 年史』編集㈶日本経営史研究所。

東レ（2004）「炭素繊維複合材料でボーイング社と長期供給基本契約に調印」『プレスリリース』2004 年 5 月 26 日。

東レ㈱ ACM 技術部（2004）『炭素繊維 "トレカ" の歴史』（2004 年 7 月）東レ㈱内部資料。

Tushman, M. and Anderson, P.(1986) "Technological discontinuities and organizational environments," *Administrative Science Quarterly*, Vol.31, pp.439-465.

Tushman, M. and O'Reilly, C.(1996) "Ambidextrous organiztions : Managing evolutionary and revolutionary change," *California Management Review*, Vol.38, No.4, pp.8-30.

Tushman, M. and O'Reilly, C.(1997) *Winning Through Innovation*, Harvard Business School Press, Boston.

上田完次（2007）『創発とマルチエージェントシステム』培風館。

Utterback, J.M.(1994) *Mastering the Dynamics of Innovation*, Harvard Business School Press, Boston.

Veryzer, Jr. R.W.(1998) "Discontinuous innovation and the new product development," *Journal of Product Innovation Management*, Vol.15, pp.304-321.

渡辺孝・大久保隆弘（2007）『企業化戦略』オーム社。

Whittington, R.(2001) *What is Strategy-and Does it Matter*? second ed., Thomson, London.

Womack, J.P., Daniel, T.J. and Daniel,R.(1990) *The Machine That Changed the World*, Rawson Associates, New York.(沢田博訳『リーン生産方式が世界の自動車産業をこう変える』経済界，1990)

山田幸三（2003）「新事業開発の戦略」加護野忠男編集『企業の戦略』八千代出版。

山路直人（1998）「東レの戦略—多角化戦略と企業革新—」伊丹敬之・加護野忠男・宮本又郎・米倉誠一郎『ケースブック　日本企業の経営行動 2　企業家精神と戦略』有斐閣。

山倉健嗣（2007）『新しい戦略マネジメント』同文舘出版。

安川拓次（2002）「『健康エコナクッキングオイル』の開発と事業展開」『Business Research』Vol.932，pp.65-73。

Yin, R.K.(1994) *Case Study Research*, Sage Publications, Thousand Oaks, CA.(近藤公彦訳『ケース・スタディの方法』千倉書房，1996)

Yin, R.K.(2003) *Case Study Research* 3rd, Sage Publications, Thousand Oaks, CA..

吉田時雄（1993）『丸田芳郎—勇者の経営—』TBS・ブリタニカ。

吉野彰（1995）「リチウムイオン二次電池の開発」『化学工業』Vol.46, No.11, pp.22-27。

吉野彰（2002）「リチウムイオン二次電池はなぜ生まれたか？　また，これからどうなる

のか？」『PETEROTECH』Vol.25, No.7, pp.31-34。

吉野彰（2003）「私の発明手法」『発明』Vol.100, No.3, pp.72-74。

吉野彰（2004）『リチウムイオン電池物語』シーエムシー出版。

吉野彰・大塚健司・中島孝之・小山章・中条聡（2000）「リチウムイオン二次電池の開発
と最近の技術動向」『日本化学会誌』Vol.8, pp.523-534。

事項索引

▢ 人名索引

組織／団体名索引

▨著者略歴

石井正道（いしい　まさみち）
　東京生まれ。都立富士高校卒業。東京工業大学社会工学科卒業後，清水
建設㈱に入社し，研究開発マネジメントに従事。技術開発プロジェクト
の発掘，企画，提案及び推進などを行う。また，地下空間開発，エレク
トロニクス・バイオテクノロジーの建設分野への適用等の研究開発戦略
を担当した。ハーバード大学ケネディ政治行政大学院に留学し，科学技
術政策及び発展途上国論を学ぶ。帰国後，清水建設にて発展途上国への
技術展開を担当した。同社退職後，ハーバード大学でリサーチ・アソシ
エイト，日米共同研究プロジェクトマネージャー等となる。その後，文
部科学省科学技術政策研究所上席研究官，東京大学人工物工学研究セン
ター価値創成イニシアティブ（住友商事）寄付研究部門特任准教授など
を経て，現在，名古屋商科大学経営学部教授。博士（学術）。専門はイ
ノベーション・マネジメント，アントレプレナーシップ及び経営戦略。
著書は『工学部卒業生の進路と職業意識に関する日米比較』（共著，科
学技術政策研究所），『独創的な商品開発を担う研究者・技術者の研究』
（科学技術政策研究所）等。

▨非連続イノベーションの戦略的マネジメント［改訂版］
Strategic Management of Discontinuous Innovation

▨発行日──2010年1月16日　初　版　発　行　　〈検印省略〉
　　　　　2021年6月16日　改訂版第1刷発行

▨著　者──石井　正道

▨発行者──大矢栄一郎

▨発行所──株式会社　白桃書房

　　　　　〒101-0021　東京都千代田区外神田5-1-15
　　　　　☎03-3836-4781　📠03-3836-9370　振替00100-4-20192
　　　　　http://www.hakutou.co.jp/

▨印刷・製本──藤原印刷
　© ISHII, Masamichi 2010, 2021 Printed in Japan
　ISBN 978-4-561-26748-5 C3034